「次の一球は？」

野球脳を鍛える
配球問題集

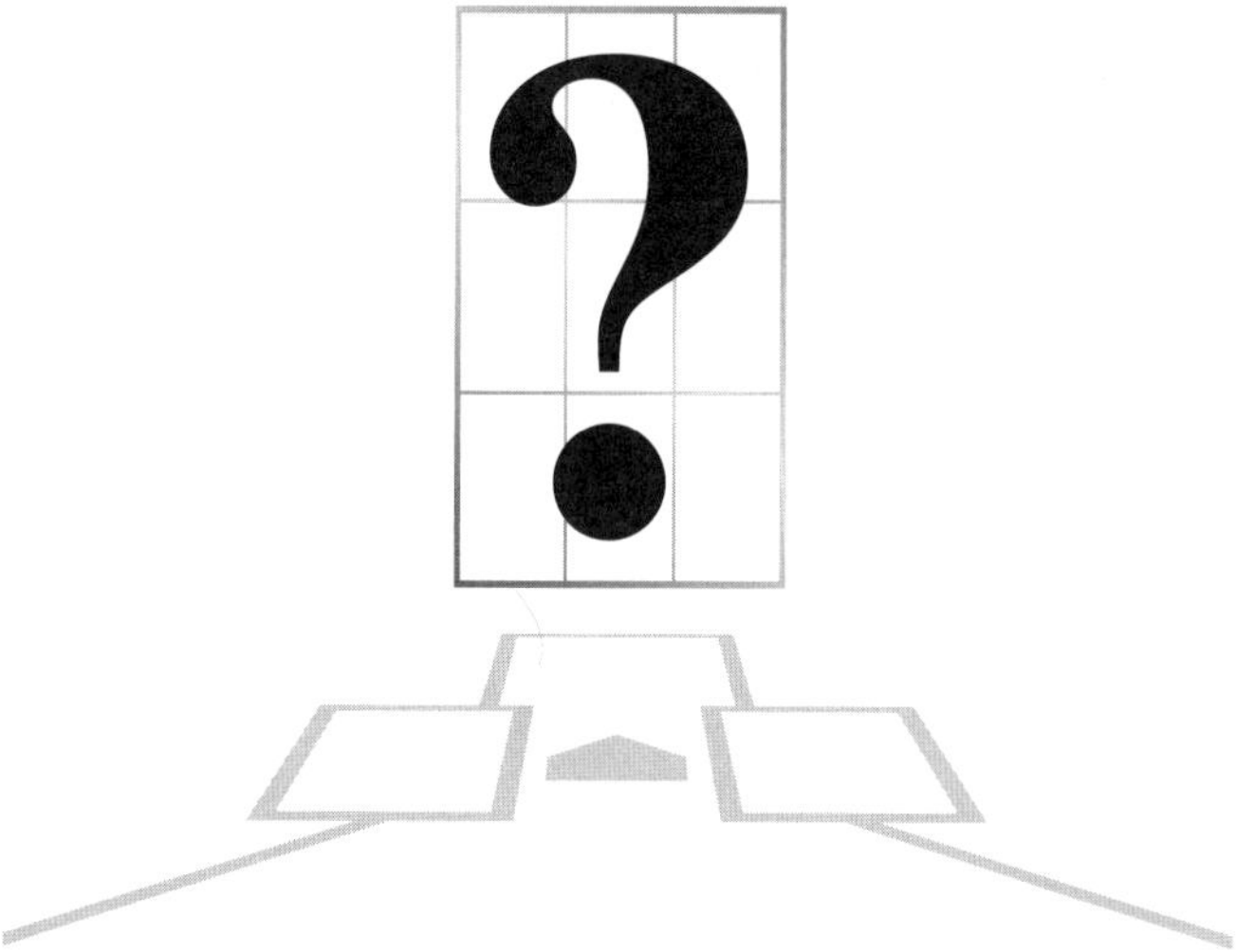

辰巳出版

はじめに
当てはめるのではなく、考える元にする

いろいろなデータが算出されるようになり、いろいろな投球や配球の傾向がわかるようになってきました。

しかし野球のルールは昔から変わっておらず、そのルールに則って行うことは変わりません。

配球では変わらない点と変わる点をしっかりと見据えながら、どのような配球をしなければなら

ないかを考えていかないといけません。

　本書では配球のセオリーや基本となる考え方を問題形式にしてまとめました。まずは本で基本を学び、そのうえでそれぞれの現場で使ってみてください。

　また本書の内容を単純に自分たちの配球に当てはめるのではなく、本書の内容を元にして、配球を考えるようになってもらいたいと思います。

川村　卓

本書の見方、使い方

本書は「配球のセオリー」や「状況の考え方」を、設問と回答から学べるように構成しています。4ページで1セットになっていますので、ここでは各ページの要素を紹介します。

SITUATION

状況やカウント、ランナーなどの情報です

QUESTION

設問です。状況、ピッチャーやバッターの特徴を踏まえた内容になっています

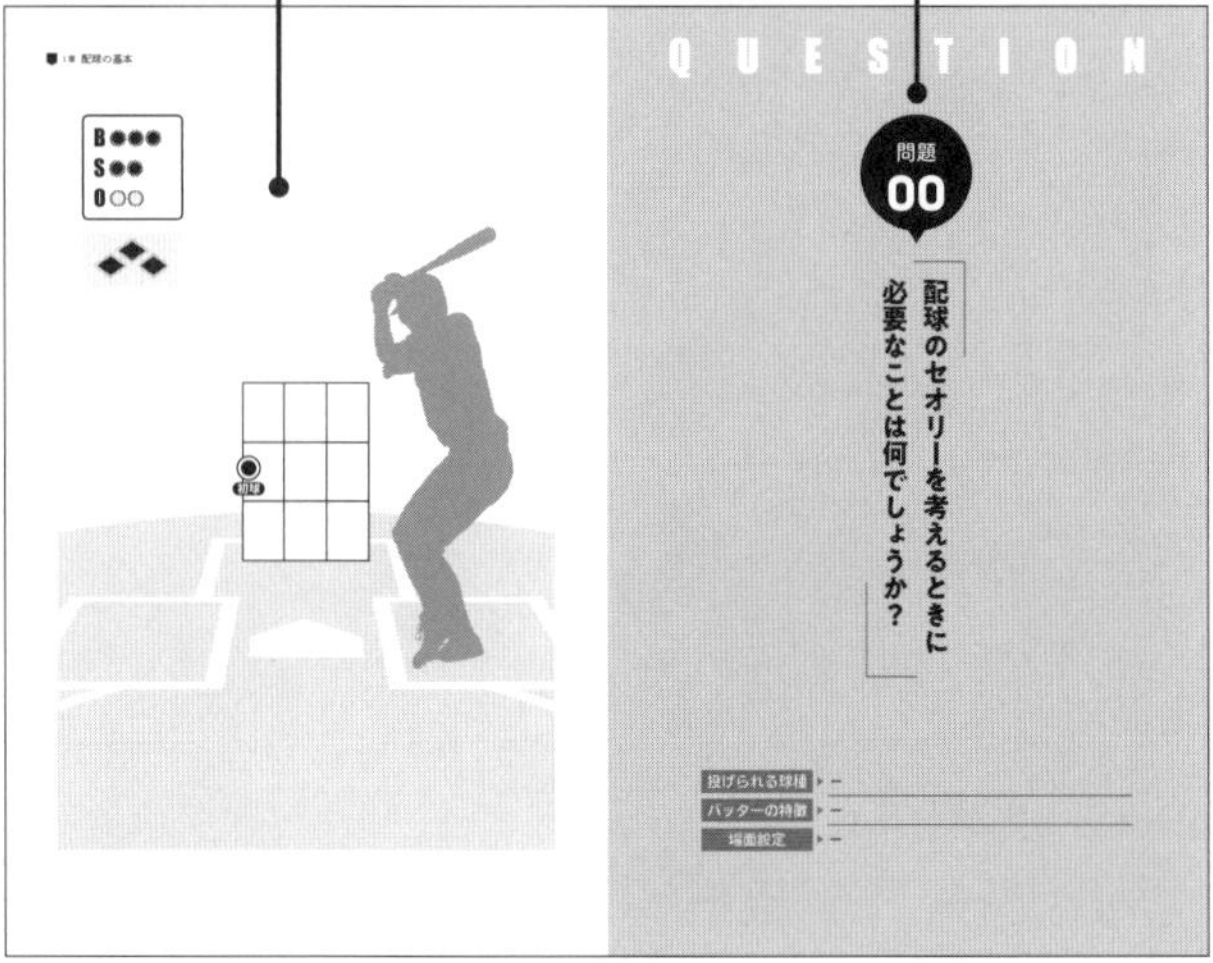

配球の原理原則

状況による配球

→ アウトカウント、ランナーの有無、
試合の前半・中盤・後半、得点差 など

バッター中心の配球

ピッチャー中心の配球

この3つの要素を踏まえて配球を考えます

TEXT

「正答例」の理由や状況、補足する内容です。

DATA

設問の補足説明である図や表を載せています。

ANSWER

設問に対する答えの例である「正答例」になります。

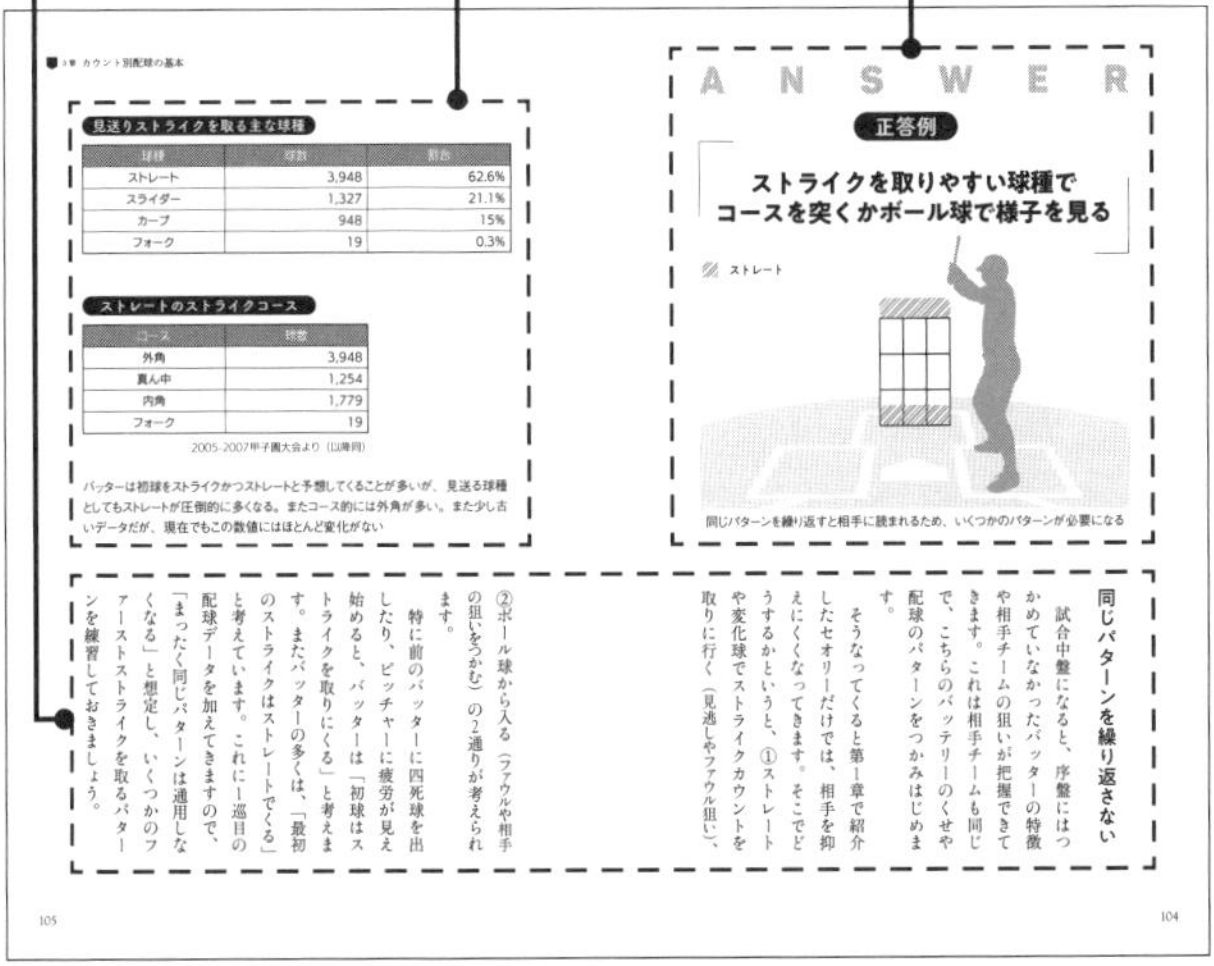
3章 カウント別配球の基本

ANSWER

正答例

「ストライクを取りやすい球種で
コースを突くかボール球で様子を見る」

同じパターンを繰り返すと相手に読まれるため、いくつかのパターンが必要になる

同じパターンを繰り返さない

試合中盤になると、序盤にはつかめていなかったバッターの特徴や相手チームの狙いが把握できてきます。これは相手チームも同じで、こちらのバッテリーのくせや配球のパターンをつかみはじめます。

そうなってくると第1章で紹介したセオリーだけでは、相手を抑えにくくなってきます。そこでどうするかというと、①ストレートや変化球でストライクカウントを取りに行く（見逃しやファウル狙い）、②ボール球から入る（ファウルや相手の狙いをつかむ）の2通りが考えられます。

特に前のバッターに四死球を出したり、ピッチャーに疲労が見え始めると、バッターは「初球はストライクを取りにくる」と考えます。またバッターの多くは、「最初のストライクはストレートでくる」と考えています。これに1巡目の配球データを加えてきますので、「まったく同じパターンは通用しなくなる」と想定し、いくつかのファーストストライクを取るパターンを練習しておきましょう。

見送りストライクを取る主な球種

球種	球数	割合
ストレート	3,948	62.6%
スライダー	1,327	21.1%
カーブ	948	15%
フォーク	19	0.3%

ストレートのストライクコース

コース	球数
外角	3,948
真ん中	1,254
内角	1,779
フォーク	19

2005-2007甲子園大会より（以降同）

バッターは初球をストライクかつストレートと予想してくることが多いが、見送る球種としてもストレートが圧倒的に多くなる。またコース的には外角が多い。また少し古いデータだが、現在でもこの数値にはほとんど変化がない

104

105

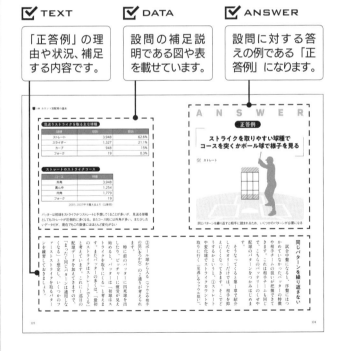

第2章 バッターのタイプ別配球

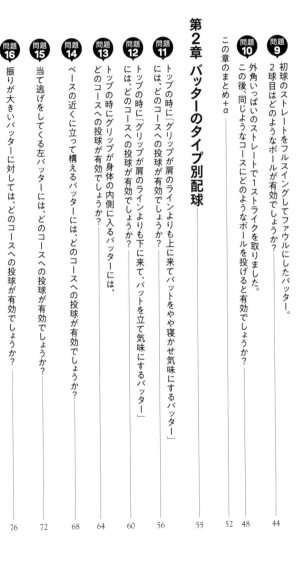

第3章 カウント別配球の基本

第1章

配球の基本

QUESTION

問題 1

「はじめて対戦するバッターに対して、どのような球種・コースへの初球が望ましいでしょうか?」

投げられる球種	ストレート、カーブ
バッターの特徴	ー
場面設定	ー

初球はどこに
投げますか?

ANSWER

正答例

「いいコースにストレートをしっかりと投げる」

最もバットが当たりにくいコースを狙う

球速よりもコントロールを重視して投げる

初球は打率が非常に高いカウントの1つです。まずは自分がしっかりとストライクを取れる球種やコースを使います。いいコースにしっかりと投げましょう。バッターの心理からすると、「初球は手を出したくない」と考えます。その際は全力のストレートといった球速よりも、しっかりとコントロールできる球速で投げることが重要です。

球種でストレートを選択する理

由はいくつかあります。1つは、ストレートはピッチャーが一番練習しており、一番得意としている球種だからです。

もう1つは、どのようにしてバッターを打ち取るかという、組み立ての選択肢からの問題です。どういうことかというと、バッテリーは基本的に、ストライクからボールになるようなボールでバッターを打ち取ることを考えています。そのためにはバッターに的を絞らせない選択肢をできるだけ隠し持っていたいのですが、いきなりカーブを使ってしまうと、その後の組み立てがシンプルになりやすく、バッターにとっては的が絞りやすくなってしまうのです。もちろんバッターの意表をついて変化球から入ることもありますが、セオリーとしてはストレートから入るほうがベターだと考えています。

イニングが進んだり、事前のスカウティングによって相手バッターのデータを持っている場合には、ある程度バッターの特徴がつかめた状態です。そのような場合には、バッターが手を出さなかったり、苦手と分析できるようなコースを狙っていくと、初球を打たれない確率がさらに上がります。

QUESTION

問題 2

「ゲームの序盤、初球からコースをついていく場合、最も打たれにくく、理想的なコースはどこでしょうか？」

投げられる球種	▶ ストレート
バッターの特徴	▶ ー
場面設定	▶ ゲーム序盤

打たれにくい
コースは
どこでしょうか?

ANSWER

正答例

「外角もしくは低目のコース」

万が一バットに当たってもファウルになりやすい

コースや低さを重視する

　ピッチャーは「ストライクを先行したい」と思います。アウトコースもしくは低目のストレートでストライクを取りましょう。

　コンディションが定まらないゲーム序盤であれば、高さまで気にしなくてもよいので、外角いっぱいに投げ込むことを心がけます。

　この大きな理由は、バッターのバットが届きにくいコースだからです。また万が一バットに当たったとしてもヒットになる確率が低く、アウトカウントを1つ稼ぐことができます。

インコースをつくという選択肢もありますが、インコースだとバットに当たる確率が高くなってしまいます。もちろん打球が詰まる可能性もありますが、ピッチャーのコンディションが定まりにくいゲーム序盤では、より繊細なコントロールの精度が求められるインコースは少しリスクがあります。それよりは多少コントロールが狂ってもボールになるアウトコースのほうが、ダメージが少なくなります。

また投球動作という視点から見ると、狙ったところへしっかりと投げられるということは、その試合での動きがよいというか、投球のメカニクスが非常に整っている状態といえます。そういった視点から見ると、ピッチャーのコンディションを測るひとつのバロメーターにもなります。

キャッチャーはピッチャーのコンディションがよければより厳しいコースを要求していくことができますし、コンディションがよくなければ、コンディションを上げる工夫や、その状態でも相手をかわせるような工夫をする必要がでてきます。

このように打たれるリスクが少ないという意味でも、序盤からピッチャーのコンディションを把握するうえでも、外角もしくは低目のコースに投げ込むことがおすすめです。

QUESTION

問題
3

初球は外角いっぱいに投げてストライクを取りました。2球目はどのコースに、どのようなボールを投げるとよいでしょうか?

投げられる球種	ストレート
バッターの特徴	―
場面設定	―

2球目はどこに
投げますか?
初球

ANSWER

正答例①

「自信があればコースを少しずらして打たせてアウトを取る」

正答例②

「バッターの様子を見て投球を選択」

ピッチャーとバッターの力関係を見て投球を変える

2球目で打ち取ることも大切

最近の野球では、2ストライクまでは思いっきりバットを振ってくることが主流だと思います。研究しているデータでは、2ストライクを取ってから打ち取るまでに、意外と球数がかかると出ているからです。これはつまり、カウントが2ストライクになってからは、バッターは慎重にボールを見極めるスタイルに変えていることを証明しています。そのためカウント0-2から2-2くらいまで粘られるケースが多くみられます。

このような傾向があるため、その日のピッチングやバッターとの力関係を見て自信があれば、2球目は1球目とコースを少しずらして打ち取ることを狙いたいものです。

もしくは1球目の様子を見て投球を決めていきます。例えば「ストレートに反応する」もしくは「ファウルにした」場合には、「ストレートを狙っている」と判断します。この場合は球種を変えていきます。もしもストレートに振り遅れた場合には、同じ球種を投げる選択をします。

なおファウルはバッターの情報を収集するのに適していて、「どのようにバットを振るか」「投げたコースにどのくらいバットが届いているか」「タイミングはどのくらい合っているか」などがつかめます。ファウルでストライクカウントを増やしつつ、このような情報を集めましょう。

またこちらのピッチャーよりも力関係が上だった場合や、相手チームの主力バッターであれば、ボール球を投げることも有効です。ボール球に対する反応で、バッターが狙っている球種を把握しやすくなるため、その後の組み立てに活かすこともできます。例えば外角のストレートをあからさまに見送った場合には、「内角側を狙っている」「変化球狙いか?」などの予想が立てられます。

QUESTION

問題

4

狙いを絞らせないためには、
バッターを揺さぶることが効果的です。
はじめに身につけたい
投げ分けはどことどこでしょうか？

投げられる球種	ストレート
バッターの特徴	ー
場面設定	ー

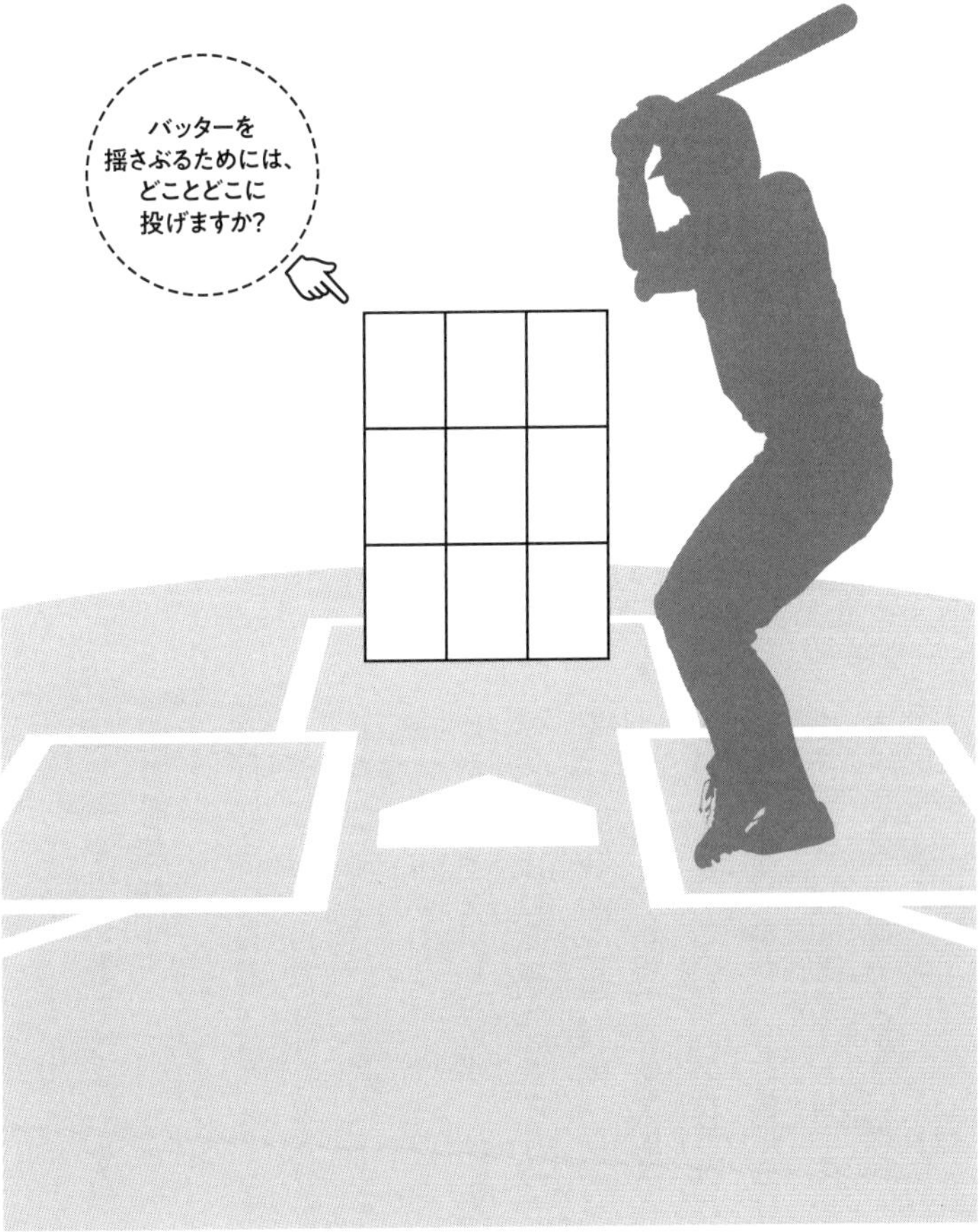
バッターを
揺さぶるためには、
どことどこに
投げますか?

ANSWER

正答例

「横のコースに揺さぶる」

リリース時の指の角度を変えることで容易に左右の投げ分けができる

ピッチャーが最も投げやすい横の揺さぶり

ピッチャー全員が練習していることの1つが内角と外角に投げ分けることです。一方で同じ立ち位置から、インコースとアウトコースを同じようにしっかりと打てるバッターはいません。そのため、ピッチャーのコンディションがよくなくても、比較的有効な揺さぶりになるのがこの横への投げ分けになります。また左右の投げ分けをすることでバッターが狙っているコースを把握できたり、得意と

コースを2分割

コースを左右に2分割し、左右へ投げ分けられるようにする

するコースがつかめたりします。

この横の揺さぶりですが、調べていくとリリース時の指の角度の違いにポイントがありました。指の角度が1度変わると、ボールの軌道が24〜30センチ変わることがわかったのです。ホームベースの横幅は約43センチですから、多少コンディションが悪くても、リリース時の指の角度を2度の範囲で調節することで、左右に投げ分けることができます。まずはストライクゾーンを大きく左右に2分割したところに投げられるようにしましょう。そうすればぎりぎりのコース、つまりは打たれないコースへ投げる機会が増えてきます。

QUESTION

問題

5

これもバッターを揺さぶる
コースの問題です。
ピッチャーのレベルが
上がってきた場合に
投げ分けたいコースは、
どことどこでしょうか?

投げられる球種	ストレート
バッターの特徴	ー
場面設定	ー

ピッチャーの
レベルが上がったら
どことどこに
投げてバッターを
揺さぶりますか?

ANSWER

正答例

「高低(上下)の揺さぶり」

高目と低目に投げ分けることでバッターを揺さぶる

人の目が対応しにくい上下の動き

人の目は、左右よりも上下の動きに焦点を合わせることが難しいとされています。この上下の動きを効果的に使うことが、高低を使った揺さぶりです。

ところが高低の揺さぶりは左右と比べて格段に難しくなります。高目に投げたはずのボールが真ん中に行ってしまうことがよくあります。またベースの幅は約43センチですが、ストライクゾーンの縦幅は約70センチあります。そのため手首の角度やボールへの指のかけ方が変わってしまうと、なかなかコントロールが定まらなくなってしまいます。

高低の揺さぶりのポイントは、高目を投げるときには思いっきり高目を狙って投げることです。特に高目のボールはストライクゾーンを外れてもかまいません。肩から首辺りにしっかりと投げられると、バッターの視点と近いため、バットを振りやすくなります。またたとえバットがボールに当たったとしてもファウルになったり、打ち取れる打球になりやすいのです。

このようにしっかりと高目に勢いのあるボールが投げられるかどうかは、その日のピッチャーのコンディションの把握にもつながります。

また低目のポイントは、体重移動を大きく使うことです。体重移動をしっかりと使うことでボールを持つ時間が長くなり、コントロールが定まりやすくなります。

高低にしっかりと投げられれば、配球の幅が大きく広がります。特にサイドスローやアンダーハンドのピッチャーは、左右だけでなく高低を使うことで、バッターに対して大きな揺さぶりをかけられるようになります。

QUESTION

問題 6

「バッターを揺さぶるコースの最後の問題です。さらにバッターを揺さぶる効果が高いコースは、どことどこでしょうか？」

投げられる球種	▶ ストレート
バッターの特徴	▶ ―
場面設定	▶ ―

さらにバッターを
揺さぶる効果が
高いコースは
どことどこでしょうか?

ANSWER

正答例

対角線上に投げ分ける

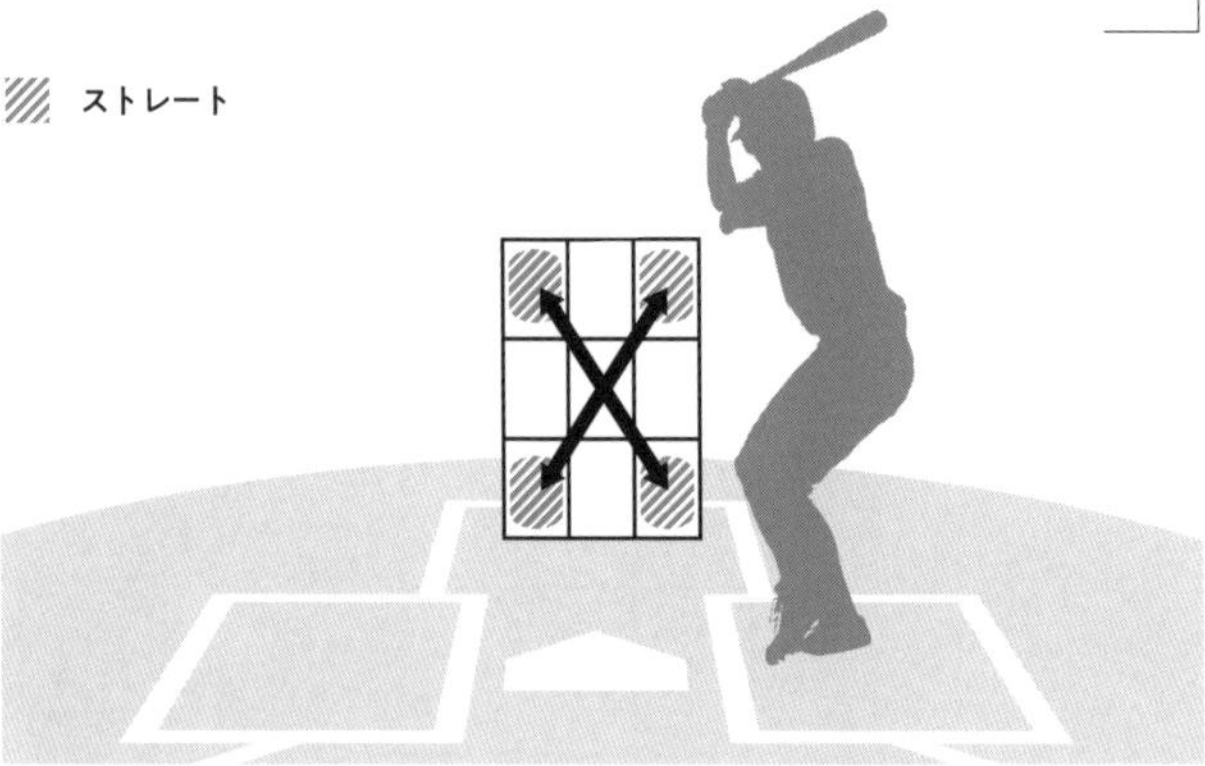

バッターから見ると最も移動幅が大きい軌道になる

左右＋高低の揺さぶり

対角線はこれまで紹介してきた左右と高低の組み合わせで、例えば内角高目と外角低目のような投げ分けになります。左右や高低と比べると投げる場所がよりピンポイントになるため難易度が高く、プロのピッチャーでもきっちりと投げ分けるのは難しいものです。そのためバッテリーの心構えとして、「難しいもの」「完璧にできなくても仕方ない」と思うくらいでちょうどよいでしょう。また先制しているランナーがいないなど、余裕のある時に使ってみましょう。

そこまで難しい揺さぶりをなぜ使うのかというと、左右や高低では打ち取れないバッターがいるからで、各チームにいる好打者や、トーナメントでのっている選手などが当てはまります。

バッターにとって対角線の揺さぶりというのは、最もボールの軌道の差が大きくなります。そのため例えば内角高目から外角低目と続けて投げられると、「これだけ幅がある」とバッターの頭に刷り込まれ、いつも以上にヒッティングゾーンの幅を取るようになります。そうなれば多少甘いボールやコースが厳しくなくても、バッターが打ち崩れて打ち取れるケースも少なくありません。もしその打席で打たれたとしても、投げ分ける幅が頭にあれば警戒するため、後々生きてくることもあります。バッターにこのような迷いや考えることをさせる意味でも、対角線の投げ分けは非常に有効です。

なお外角高目と内角低目の対角線は、特に左ピッチャー対右バッターの時に有効です。その理由ですが、ヘッドが下がりがちなバッターは、身体からバットが離れるとバットヘッドがさらに下がる傾向が出やすいため、外角高目が苦手なのです。さらに内角低目に食い込むように投げられるボールがあれば、バッターは迷うでしょう。

QUESTION

問題
7

「1人目のバッターを
打ち取りました。
2人目のバッターに対して
様子を見たい場合、
どのようなコースへの
投球が有効でしょうか？」

投げられる球種	ストレート
バッターの特徴	ー
場面設定	ー

様子を見たい場合、
どこコースへの
投球が
有効でしょうか?

ANSWER

正答例

「コースをついた
ボール球を投げる」

ボール球に対する反応から相手の狙いを見極める

相手チームの狙い球を見極める

多くのチームは、チームの方針として狙い球を決めて試合に入っています。そのため、試合の序盤に相手の狙い球をつかんでおくことが大切です。まずはピッチャーのコンディションを見極めることが大切ですが、2人目あたりからは、相手の狙いも見極めたいものです。

例えば外角低目へのボール球を振ってきた場合には、「ストレート狙いか？」「このコース狙いか？」

と予想することができます。逆に平然と見逃した場合には、「変化球狙いか？」「内角狙いか？」と予想できます。特に大学野球や草野球、一部の高校野球チームなど、事前に相手チームのデータが取れる場合には、狙い球を決めてくる傾向にあるため、ボール球が非常に有効になります。

このときに意識してもらいたいことは、球速よりもコントロールを重視することです。ひとつの理想ですが、いろいろなきわどいコースに投げることで、相手の狙いをより明確化していきます。もちろん最初からそのような余裕があるかは、その日のピッチャーのコンディションによりますが、できれば狙っていきましょう。

相手チームの狙いをつかむときに避けたいのは、相手をかわすようなピッチングです。かわすピッチングとは、変化球を中心に組み立てたり、遅めのボールを投げたりすること。序盤からこのようなピッチングをしてしまうと、相手チームがこちらのかわすボールに目が慣れてしまい、ピンチなどいざというときに十分な効果を発揮できなくなります。

多くのピッチャーは、序盤のコンディションはよくないのですが、調子を上げていくためにもできるだけかわすピッチングは避けたいものです。

QUESTION

問題
8

「序盤コントロールが定まらず、
思うようなピッチングができません。
このときにキャッチャーは
どのようなことを考えると
よいでしょうか?」

投げられる球種	ストレート、カーブ
バッターの特徴	ー
場面設定	ー

ピッチャーの
コントロールが
定まらない場合、
キャッチャーは
どのようなことを
考えるとよいでしょうか?

A N S W E R

正答例

「極端なボール球を要求し投球を整える」

ピッチャーのコンディションを整えることを優先する

コンディションを整えることを最優先

　このときの考え方は2つあります。1つはピッチャーのコンディションが整っていない場合です。

　この場合はピンチをしのぐときのような配球を心がけ、キャッチャーが踏ん張るところです。例えば1人目のバッターに対して、狙い通りのコースだったものの、力のないストレートになって打たれた場合、まだピッチャーが整っていないと判断できます。そうなるとそれ以降は少し力を入れ、初球を決め球から入ったり、自分の得意球を連投するなどの工夫が必要になります。

またバッテリー間では、ピッチャーがどのようなボールを投げたら調子が整いやすいのかを知っておくとよいでしょう。ボールがよく抜けてしまう場合には、「ワンバウンドさせるくらいのボールを投げさせ、身体の前側でリリースさせる」、シュート回転をしてしまう場合には、「ピッチャーがひっかけやすいようなコースを要求する」「外角低めのボール球になるスライダーを要求する」など、具体的な解決策があると文句なしです。

またストレートのかかりが悪いと感じたときには、高目のボールを目いっぱい投げさせます。その日に調子が悪いと感じたボールをまったく使わないというキャッチャーがいますが、それではバッターが球種を絞りやすくなります。調子が悪いと感じた球種はボール球として使いましょう。例えばストレート（ストライク）、カーブ（ボール）、ストレート（ストライク）といった具合です。こうすればバッターは球種を絞りにくくなります。

QUESTION

問題
9

「初球のストレートをフルスイングしてファウルにしたバッター。2球目はどのようなボールが有効でしょうか？」

投げられる球種	▶ ストレート、カーブ
バッターの特徴	▶ ―
場面設定	▶ ―

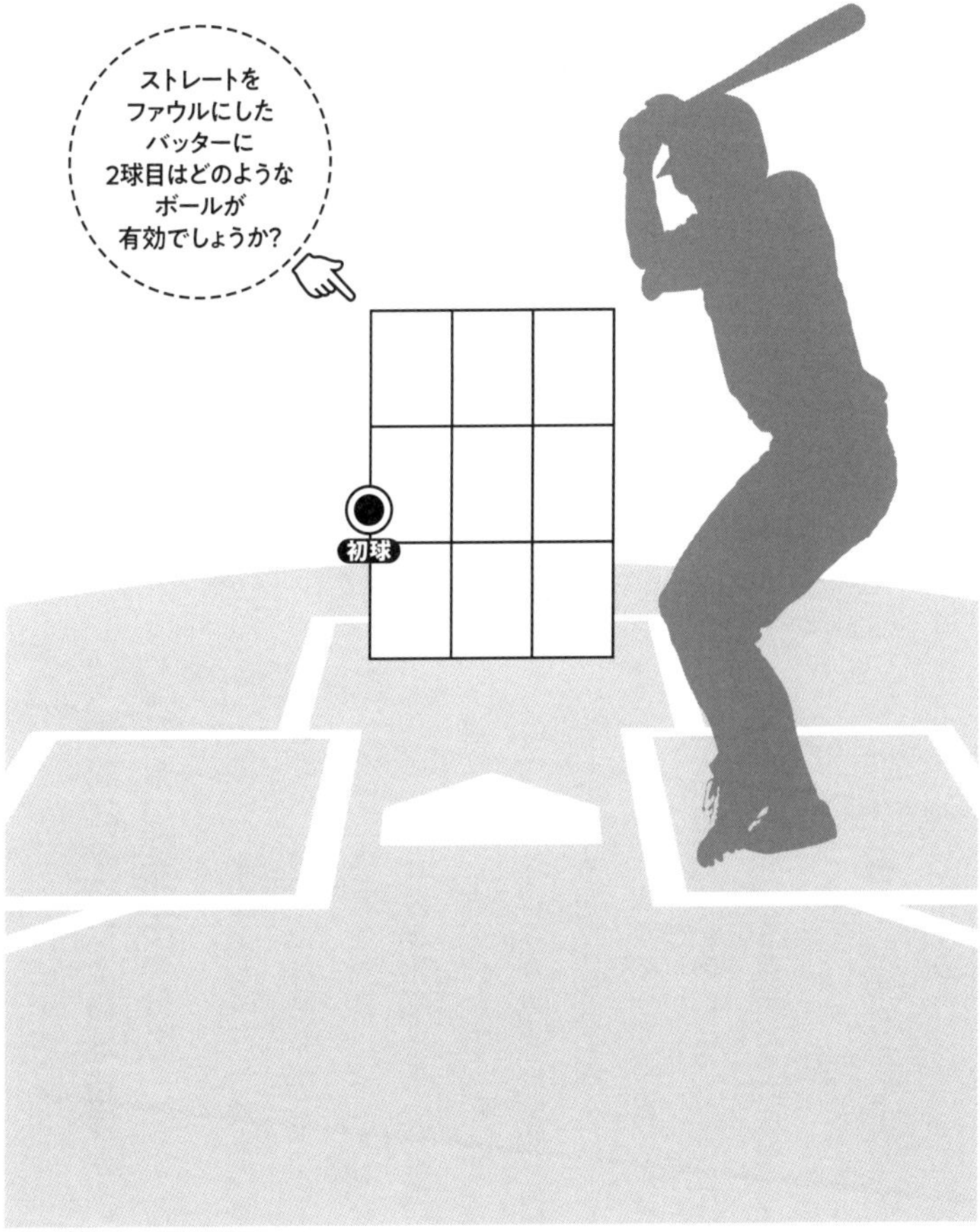
ストレートを
ファウルにした
バッターに
2球目はどのような
ボールが
有効でしょうか?
初球

ANSWER

正答例

「時速20キロ以上の差をつけた
緩いカーブや動作の緩急をつけた
ストレートを投げる」

バッターのタイミングを崩すことを目的にしたボールを投げる

時速20キロ以上の球速差か動きの変化をつける

以前、球速ごとのバッターの重心移動の速度を計測したことがあります。そこでわかったことは、時速10キロの変化では重心移動の速度がほとんど変わらなかったものの、時速20キロ以上の変化になると、明らかに速度が遅くなりました。これはつまり、時速20キロ以上の球速差があれば、バッターのタイミングを崩せるということです。

ただし難しいのは、私たちが

「緩急は有効」だと考えていても、バッテリー、とくにピッチャーからすると、なかなかピンチでこのようなカーブを投げないという現状があることです。ピッチャーの心理からすると「遅い球を投げて打たれたら後悔する」という気持ちが働くそうですが、遅い球も自分の武器だと思って実戦でも使ってもらいたいと思います。

またこのような球速差のある変化球を持っていない場合には、投げ方を工夫することで緩急をつけることができます。それはクイック気味に投げたり、ぐっと我慢してからいきなり投げたりするといった投球フォームや投球間隔に変化をつけることです。

バッターはピッチャーが足を上げる動きでタイミングを取るなど、ピッチャーの動きに合わせて動き出す場合が多くあります。その動きを利用して、タイミングを崩すのです。先ほどの動作の変化や、テンポよく投げたり、長くボールを保持してから投げるといったリズムの変化も効果的です。

勝負所で気の強さを発揮することはピッチャーにとって大事な要素ではありますが、キャッチャーが上手くこの辺りもコントロールすることで、より有効なピッチングができるようになります。

QUESTION

問題
10

外角いっぱいのストレートで1ストライクを取りました。この後、同じようなコースにどのようなボールを投げると有効でしょうか?

投げられる球種	ストレート、スライダー、カーブ
バッターの特徴	ー
場面設定	ー

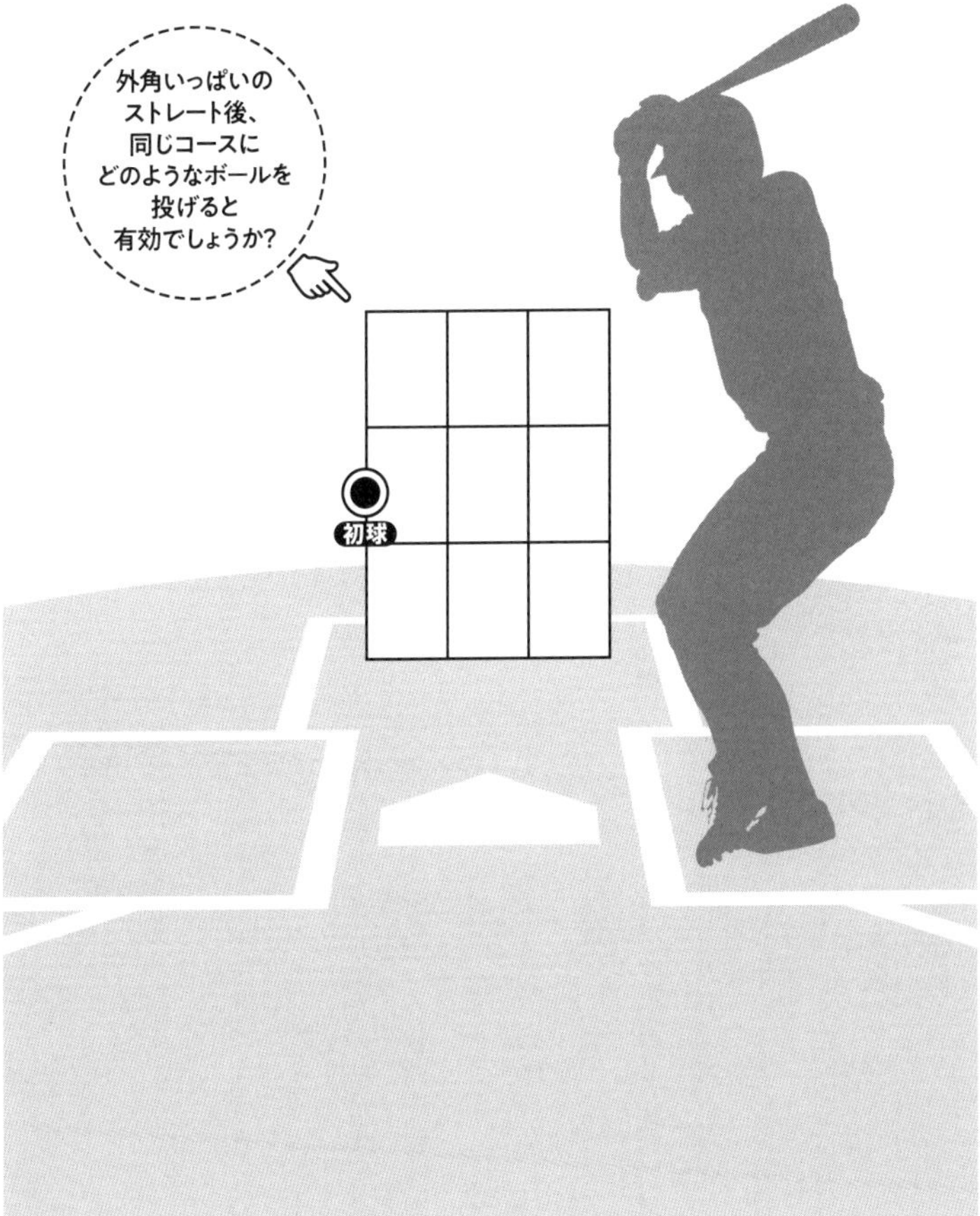
外角いっぱいの
ストレート後、
同じコースに
どのようなボールを
投げると
有効でしょうか?
初球

A N S W E R

正答例

「同じコースへのスライダー」

ほぼ同じ軌道から手元で変化する球種が有効

配球を覆す!? ピッチトンネル

ピッチトンネルという考え方があります。バッターはキャッチャーから約7メートルの位置で最終的なコースや球種の判断を行うと言われています。そのため、この後で変化をする球種には対応がしにくくなります。つまりキャッチャーから約7メートルまではほぼ同じ軌道で投じられる球種を持っていると、ストレートとの見分けがつかなくなり、しっかりとミートしにくくなるのです。

ピッチトンネルとは

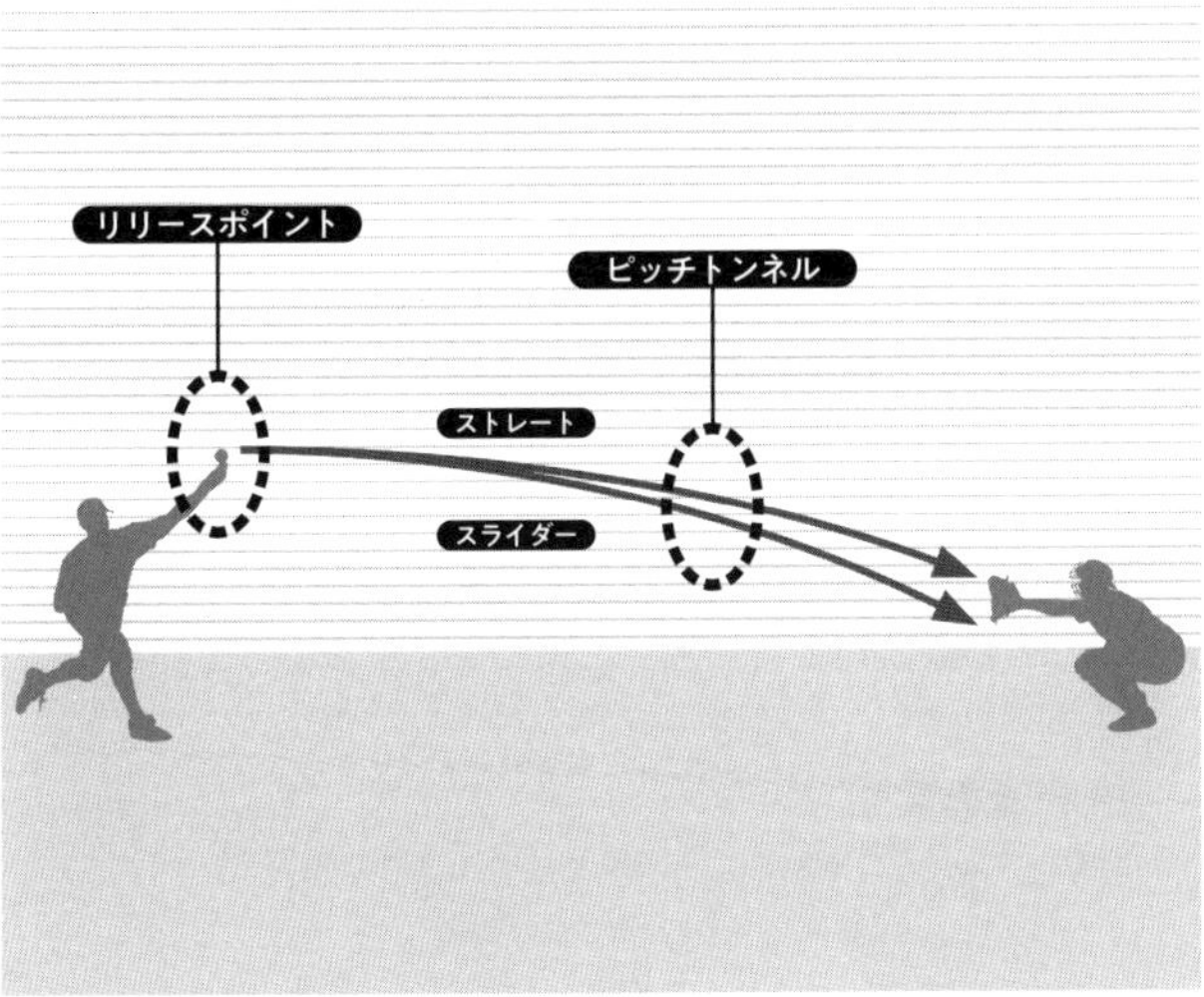

バッターがコースや球種などを最終的に判断するポイント（仮想の空間）のこと

「ピッチトンネルを活かせば配球はいらない」という人もいるくらい、とても有効かつ今後のピッチャーには大事なことだと言えます。

もう少し補足すると、最近はスラッターという、スライダーとカットボールの中間のように、落ちながら曲がる球種があります。このような球種を投げられることは、今後重要なポイントになってくるでしょう。

この時に気をつけたいことは、「同じフォーム＝同じ腕の振りや角度」で投げることです。

この章のまとめ＋α

この章の問題でポイントとなる要素をまとめています。

☑ピッチング基本の3原則

❶ 投球コースの変化

①横(左右)の揺さぶり ➡内角球と外角球など

②高低(縦)の揺さぶり ➡高目と低目など

③対角線の揺さぶり ➡内角高目と外角低目、内角低目と外角高目など

❷ 球道の変化

①同一方向からの揺さぶり ➡同一の軌道でのボールの変化(ピッチトンネル)

②反対方向からの揺さぶり ➡プレートの3塁側を踏んで外角からや1塁側を踏んで内角など

③同じタイミングからの揺さぶり ➡ストレートを投げ、全く同じタイミングでスライダーやフォークボールを投げるなど

❸ スピードの変化

①球速の緩急による揺さぶり ➡速球とカーブなど

②投球フォームの緩急による揺さぶり ➡ゆったりとした大きな投球フォームで投げたり、クイック気味の小さな投球フォームから投げ込むなど

③投球間隔の緩急による揺さぶり ➡テンポよく投げたり、長くボールを保持してから投げるなど

よい配球をするために キャッチャーに求められる要素

チーム全体でディフェンスを固め、ピッチングの組み立てを考えて投げるのが配球です。そのためにはキャッチャーに、次のようなことが求められます。

❶ 1球1球に意図を持たせる

➡1球1球に意図を持たせ、いろいろなボールを投げ込んで打者を翻弄する

➡カウントが変わるごとに投球の意図が変化し、配球の妙味を細分化する

※配球とは、バッテリーがどうやってバッターを打ち取るかを選択する「戦略」

❷ 野球をよく知る

➡キャッチャーに必要な素養は「野球をよく知っている」こと

➡まずは野球のルールをしっかりと覚える

➡そのうえで、バッターの構えやスイングを見て、「このコース、この球種が弱いな」と読み取れる力を身につける

❸ 野球のゲーム構造をよく理解する

➡できるだけ本塁から遠い塁にランナーを置く(本塁から近い塁にランナーを進めない)

➡ランナーを3塁まで進めても「本塁を踏ませずに3アウトを取ればよい」と考える

➡この両面を考えながら経験を重ねることで、ゲーム構造を理解する力がついてくる

❹ 試合展開を予測する

➡打線の1周り目での組み立てを2周り目でも続けると失敗しやすい

➡1周り目で打ち取る方向性が決まったら、2周り目ではどうするかを考える

➡試合展開を考えながら、どう配球するかを決める能力と感性が求められる

☑ 配球のレベルを上げる4つの段階

配球術のレベルを上げるためには、次の4つの段階で身につけていくとよいでしょう。

段階1 状況の把握

➡状況判断力を上げる

➡バッターとピッチャーの心理状態と技術を把握する

段階2 バッターの把握

➡バッターの特徴を見抜き、特徴を踏まえた攻め方をする

➡その日のコンディションの良し悪しを早めに把握する

段階3 ピッチャーの把握

➡ピッチャーのコンディションの良し悪しを早めに把握する

➡相手バッターとピッチャーの力量を比較する

段階4 新たな試みをする

➡セオリーから外れたことをする

➡バッターが予期せぬ攻め方をする

第2章

バッターのタイプ別配球

QUESTION

問題
11

「トップの時に「グリップが肩のラインよりも上に来てバットをやや寝かせ気味にするバッター」には、どのコースへの投球が有効でしょうか？」

投げられる球種	ストレート、スライダー、カーブ、フォーク
バッターの特徴	握りが高い
場面設定	ー

グリップが高く
ややバットを寝かせる
バッターには
どのコースが
有効でしょうか?

ANSWER

正答例

「低目へのストレートか
外角低目への落ちる変化球」

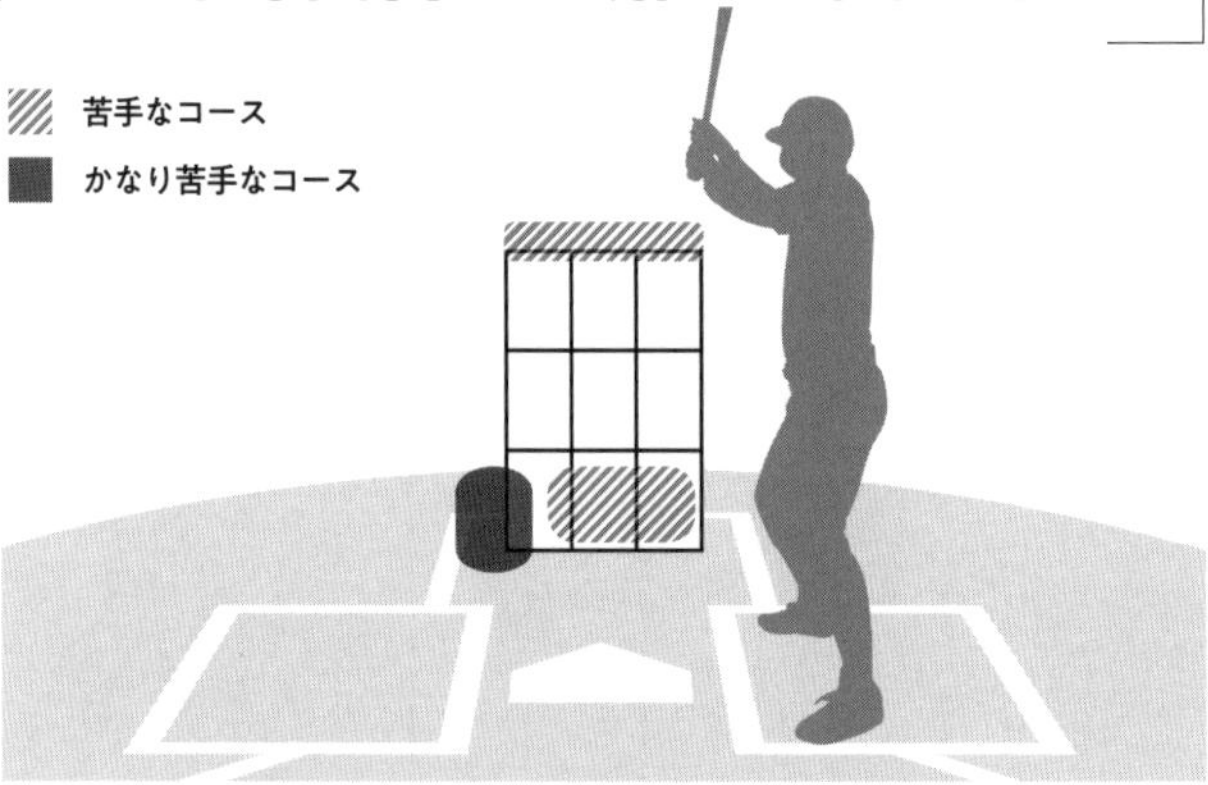

低目に弱く、特に外角低目に落ちる変化球が有効。
また高目のボール球にも手を出しやすい

低目を苦手とするタイプ

グリップの位置が高く、バットを寝かせ気味にするバッターは、スイングの軌道が高くなるため、低目への投球が有効です。なかでも外角低目に落ちるスライダーやカーブはグリップから最も離れているため、相当バットを回していかなければ当てられません。ピッチャーのコンディションがよい場合には、積極的に使っていけるでしょう。

またもしピッチャーが高目の伸びるストレートを持っている場合

高目のストライクゾーンを得意としているタイプに多い構えのため、
高目には強いと考えておいたほうがよい

には、高目のボール球も有効です。

このタイプのバッターは高目に狙いを絞ることが多いため、多少のボール球であっても積極的に打ちに来ることが多いのです。そのため、ストライクカウントを稼ぐ場合や2ストライクから打ち取るときの誘い球としても有効になります。

なお、一見グリップが高そうに見えても、スイング動作に入るとグリップが下がるバッターもいます。逆にスイング動作に入るとグリップが上がるタイプもいます。この辺りはバッターの素振りを事前に見て把握しておきましょう。

QUESTION

問題
12

「トップの時に「グリップが肩のラインよりも下に来て、バットを立て気味にするバッター」には、どのコースへの投球が有効でしょうか？

投げられる球種	ストレート、スライダー、カーブ、フォーク
バッターの特徴	握りが低い
場面設定	ー

グリップが低く
ややバットを立てる
バッターには
どのコースが
有効でしょうか?

ANSWER

正答例

「高目全般に弱く、特に内角高目が有効。
またワンバウンドするくらいの
落ちるボール球にも手を出しやすい」

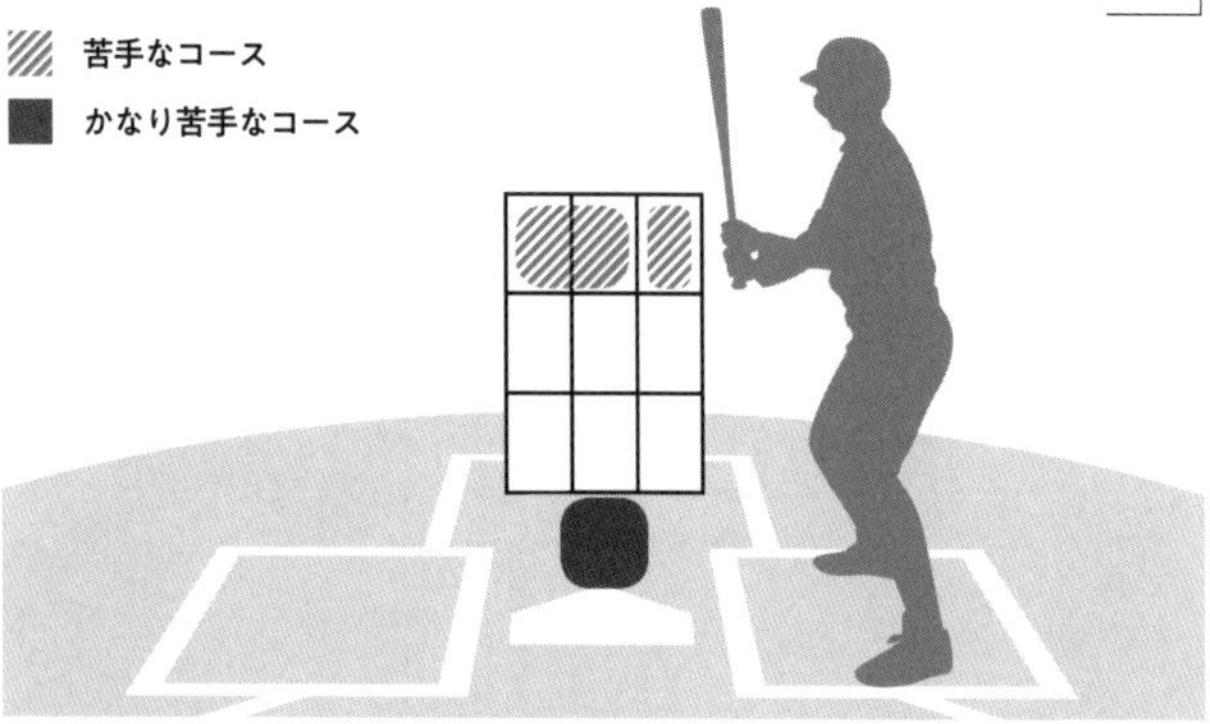

スイング時にヘッドの重さでバットが下がるため、高目が全般的に苦手

ボール球に手を出す傾向がある

トップのときにグリップが肩のラインよりも低くなる「握りが低い」バッターは、低い位置から身体に沿って水平にバットを出す傾向が強いタイプです。このようなスイングをするとヘッドの重さで自然とバットの先が下がるため、低目のボールは全般的に得意になります。

その反面、高目のボールを打つためにはバットを立てて打ちにいかなければならず、なかなか狙い

低目のストライクゾーンを得意としているタイプのため、
外角の低目以外は全般的に強いと考えるほうがよい

通りの軌道にスイングができないのです。

なかでも内角高目のボールは腕が窮屈になってしまうため、ボールをバットに当てること自体がかなり難しくなります。

さらに低目に対しては得意な意識があるため、少々のボール球にも手を出してくる傾向があります。ストライクカウントを稼ぎたい場合には、ストライクゾーンから落ちて外れていくような変化球が有効です。

QUESTION

問題
13

トップの時にグリップが
身体の内側に入るバッターには、
どのコースへの投球が
有効でしょうか？

投げられる球種	ストレート、スライダー、カーブ、フォーク
バッターの特徴	グリップが身体の内側に入る
場面設定	ー

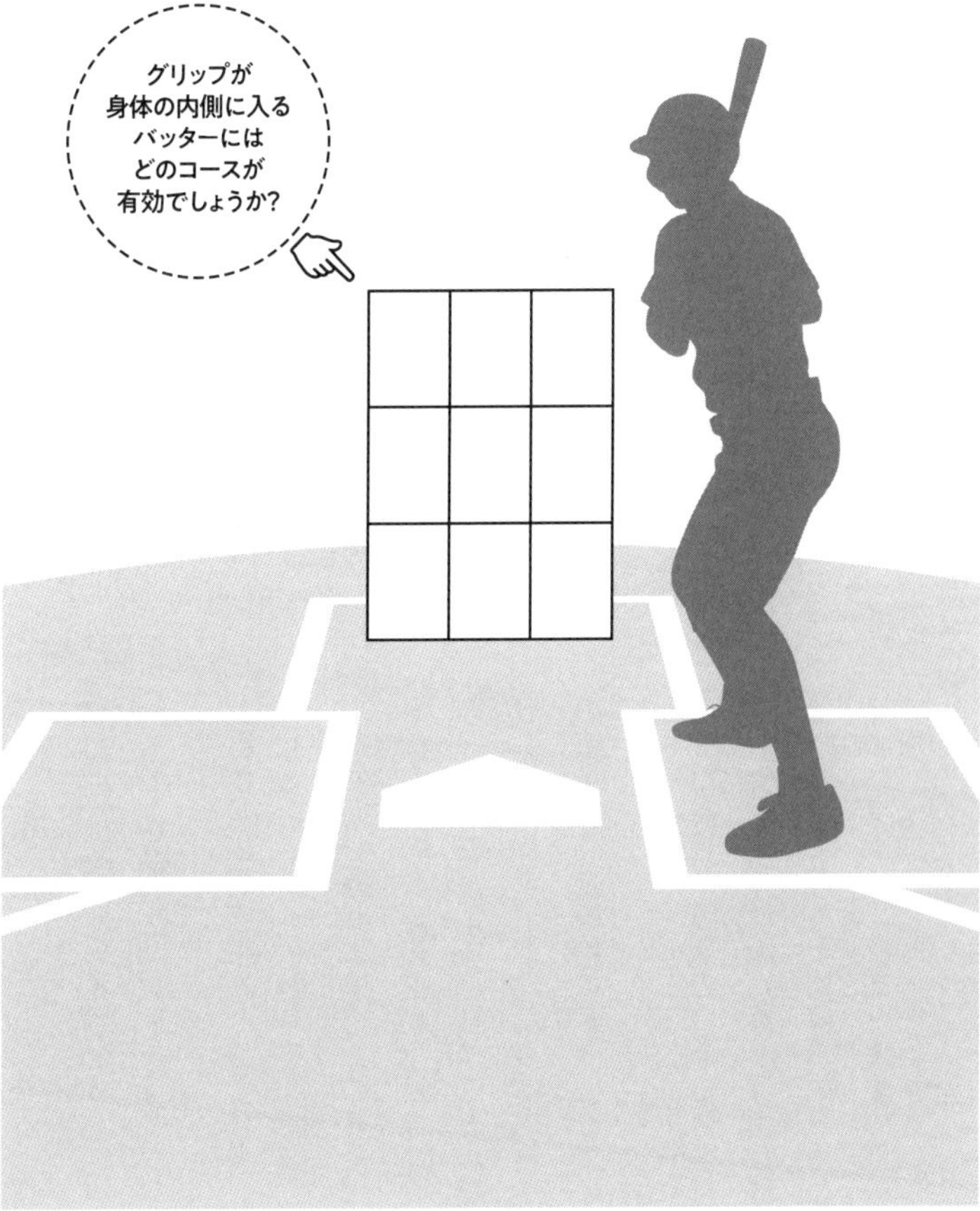
グリップが
身体の内側に入る
バッターには
どのコースが
有効でしょうか?

A N S W E R

正答例

「威力のある高目かアウトコースに落ちる変化球」

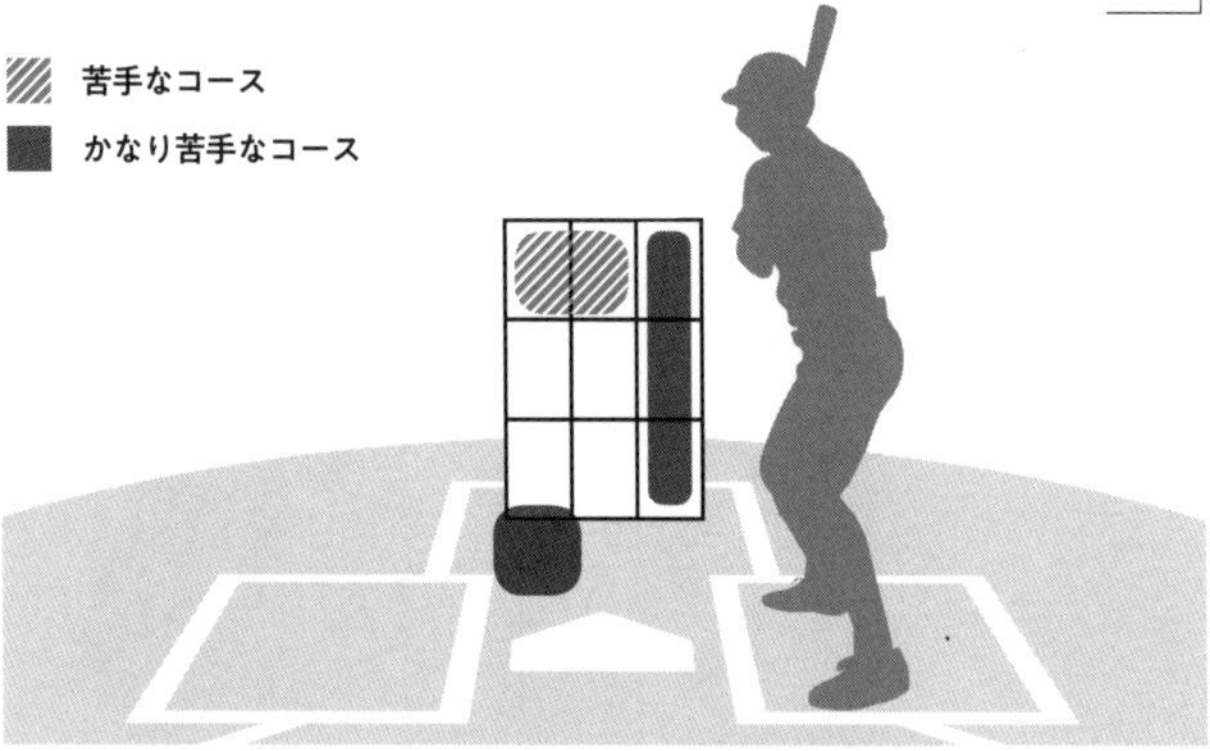

ヒジが前に出てこないため内角が有効。
またアウトコースに落ちる変化球には、ボール球でも手を出しやすい

高校生に多いタイプでバットを振り回してくる

高校生の長距離バッターに多いタイプで、バットを大きく振ってくる傾向があります。この構えだと後ろ側のヒジを前に出せないため、内角のボールを打つことが難しくなります。そのため、内角へのボールは全般的に苦手としています。

また高目への威力のあるストレートや、外角低めに落ちる変化球は、苦手であると同時に手を出しやすいコースでもあります。その

振り幅が大きいため、外角はよい位置でインパクトしやすく、絶好球になってしまう

ため誘い球やストライクカウントを稼ぎたい場合には有効になります。

最近の金属バットは重心がヘッド側にある「トップバランス」が多くなっています。

バットを身体の中に入れ、身体の回転を使ってスイングするため、特にグリップに小指をかけるバッターはこの傾向が強いのです。

なかでも外角は、身体を回転させながら腕が伸びる位置になるため、このタイプのバッターには絶好球になってしまいます。

QUESTION

問題
14

「ベースの近くに立って構えるバッターには、どのコースへの投球が有効でしょうか？」

投げられる球種	ストレート、スライダー、カーブ、フォーク
バッターの特徴	ベース寄りに立つ
場面設定	ー

ベースの近くで
構えるバッターには
どのコースが
有効でしょうか?

ANSWER

正答例

「内角を中心に攻める」

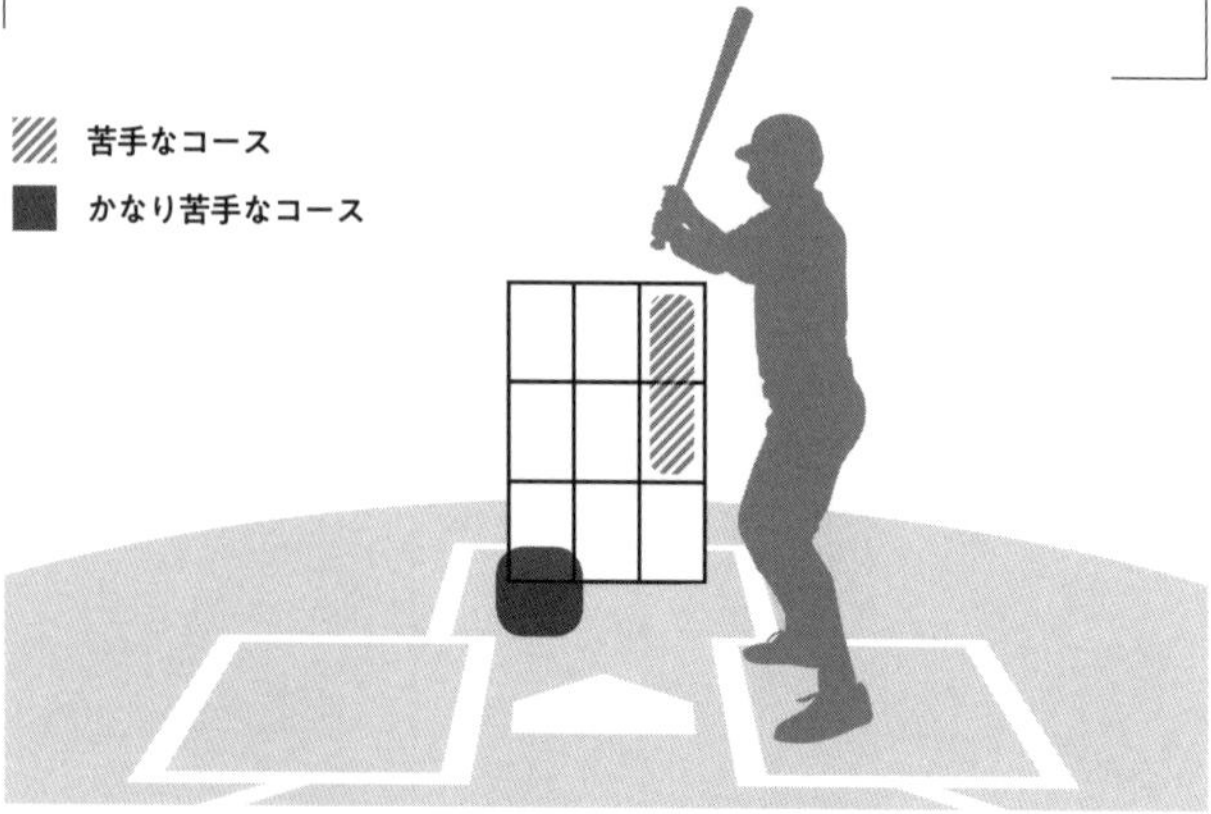

内角を投げさせないようにするためにベース寄りに立っていることが多い

内角への投球を防ぐためにベース寄りに立つことが多い

ベース寄りに立つ大きな理由は内角が苦手なため、内角に投げさせないためにこの構えをしている選手が多いのです。そのため、バッテリー側は内角を中心とした攻略が効果的です。かといって外角が危険かというとそうでもなく、このタイプはスイング時に身体を回転させると、身体とベースがかぶってしまうことになります。そうするとボールに当たる危険が高くなるため、結果として身体を後

甘めの外角は最も打ちやすいコースになってしまう

ろに下げながらスイングするのです。このようなスイングではバットが外角に届きにくくなり、甘い球以外は打ち損じてしまうことが多くなります。とくに外角低目は見えにくいため、ボール球であっても手を出してしまう傾向にあります。ただし注意しなければならないのは、バッターのステップの仕方です。投げた後にアウトステップをして打つようなタイプは、内角を投げさせようとしてこのように構えていることがあります。その誘いに気づかないと絶好球になってしまうため気をつけましょう。

QUESTION

問題
15

当て逃げをしてくる左バッターには、どのコースへの投球が有効でしょうか？

投げられる球種	ストレート、スライダー、カーブ、カットボール
バッターの特徴	当て逃げが得意な左バッター
場面設定	ー

当て逃げをしてくる
左バッターには
どのコースが
有効でしょうか?

ANSWER

正答例

「変化球や内角低目、外角ギリギリ」

内角から真ん中よりのストレート狙いが多いため、
その狙いを外す球種やコースが有効

初球はカーブが有効!?

当て逃げが上手いバッターは左バッターであり、バットにボールが当たった瞬間に1塁へ走り出しています。そのため俊足の選手やこちらの意表をつこうとしたときに、この打ち方をしてきます。一般的には1、2番のバッターに多いように思います。

当て逃げタイプは、内角から真ん中までのボールを逆方向（レフト方向）に持っていく技術に優れています。ところが面白いのは、最

甘めの外角は最も打ちやすいコースになってしまう

もレフト方向に近いはずの外角に対しては、まったく打てないバッターが多いのです。これは打つと同時に走り出すスタイルのため、身体の軸が1塁方向に傾いていたり、バットが回転する範囲が小さいことが原因だと考えられます。

このタイプは基本的にストレートにタイミングを合わせているため、初球はカーブでかわしたり、スライダーやカットボールなどの速い変化球といった捉えにくい球種が有効になります。

QUESTION

問題
16

振りが大きいバッターに対しては、どのコースへの投球が有効でしょうか？

投げられる球種	ストレート、スライダー、カーブ、フォーク
バッターの特徴	振りが大きい
場面設定	ー

振りが大きい
バッターには
どのコースが
有効でしょうか?

ANSWER

正答例

「高目か内角、外角低目への変化球」

ボールをすくい上げる打ち方をするため、高目は全般的に苦手である

甘いボールを仕留めにくるためコントロールが重要

このタイプは甘いボールを待っていることが多く、真ん中から外角のボールは仕留めてくる反面、内角を苦手としています。またボールをすくい上げるようなスイングをするため、高目は全般的に苦手です。体格に恵まれた選手が多いのですが、ちょっと揺さぶりをかけると身体のコントロールが利かなくなる弱点を持っていることが多いため、第1章で紹介した揺さぶりも有効です。また緩急をつ

基本的に甘いボールを待っており、
高目以外の外角から真ん中が最も狙われやすい

けた投球に対しては、身体に慣性が大きく働いてしまい、バランスを崩す傾向が強くあります。そのためストレートとカーブを組み合わせたような配球で翻弄するのが効果的です。このように書くと「バッティング技術が粗い」と思われますが、駆け引き上手な選手も多く、「あえて振りが大きな構えをしておき高目を狙う」といった誘導を仕掛けてくることもあります。「半速球」と言われるスライダーやカーブが抜けて曲がらず、スローボールのようになったボールを得意としているため注意が必要です。

QUESTION

問題
17

狭いスタンスで構えるバッターに対しては、どのコースへの投球が有効でしょうか？

投げられる球種	ストレート、スライダー、カーブ
バッターの特徴	スタンスが狭い
場面設定	―

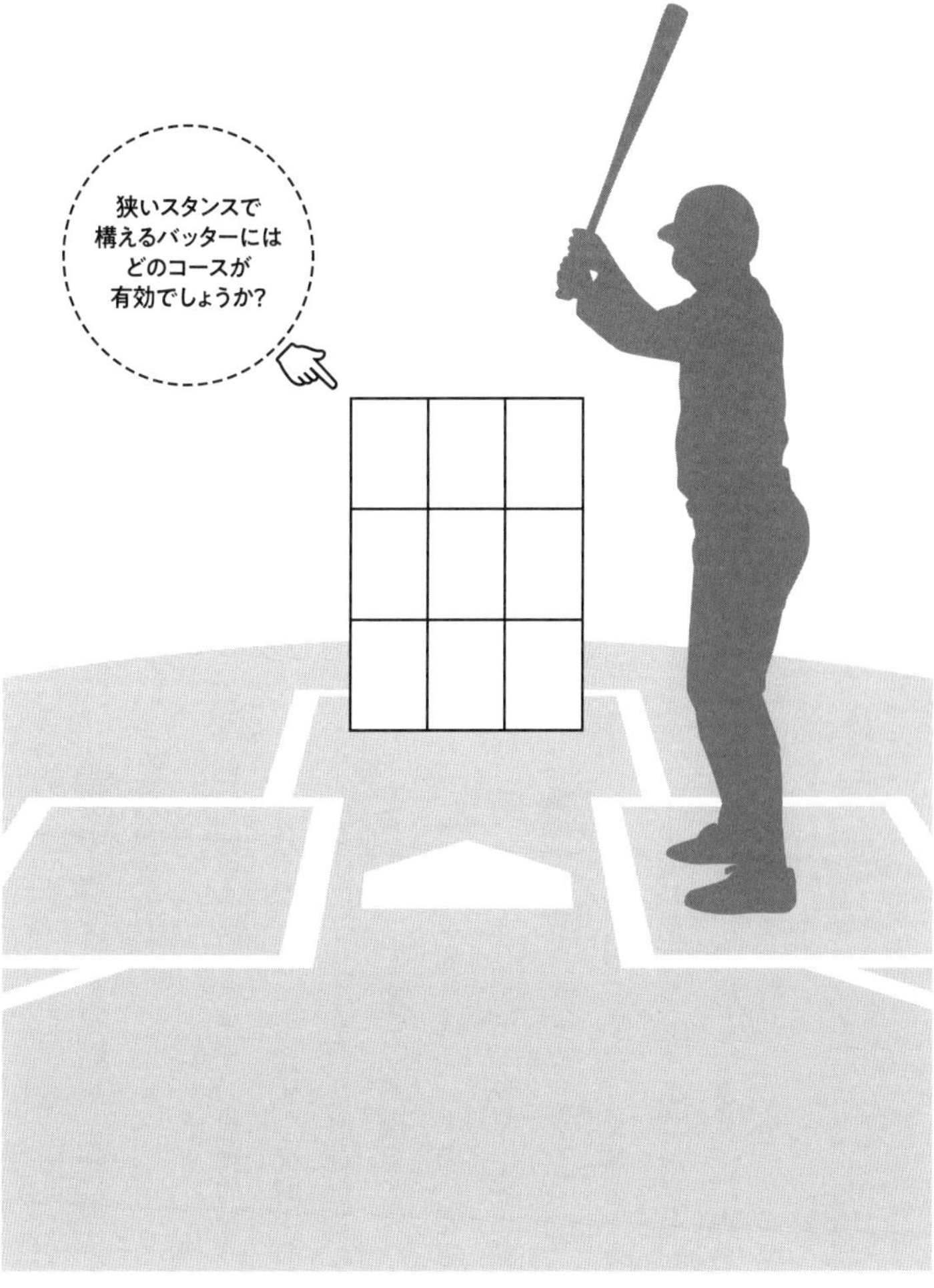
狭いスタンスで
構えるバッターには
どのコースが
有効でしょうか?

A N S W E R

正答例

「外角、特にバッターから
逃げていくような
変化球や速い変化球」

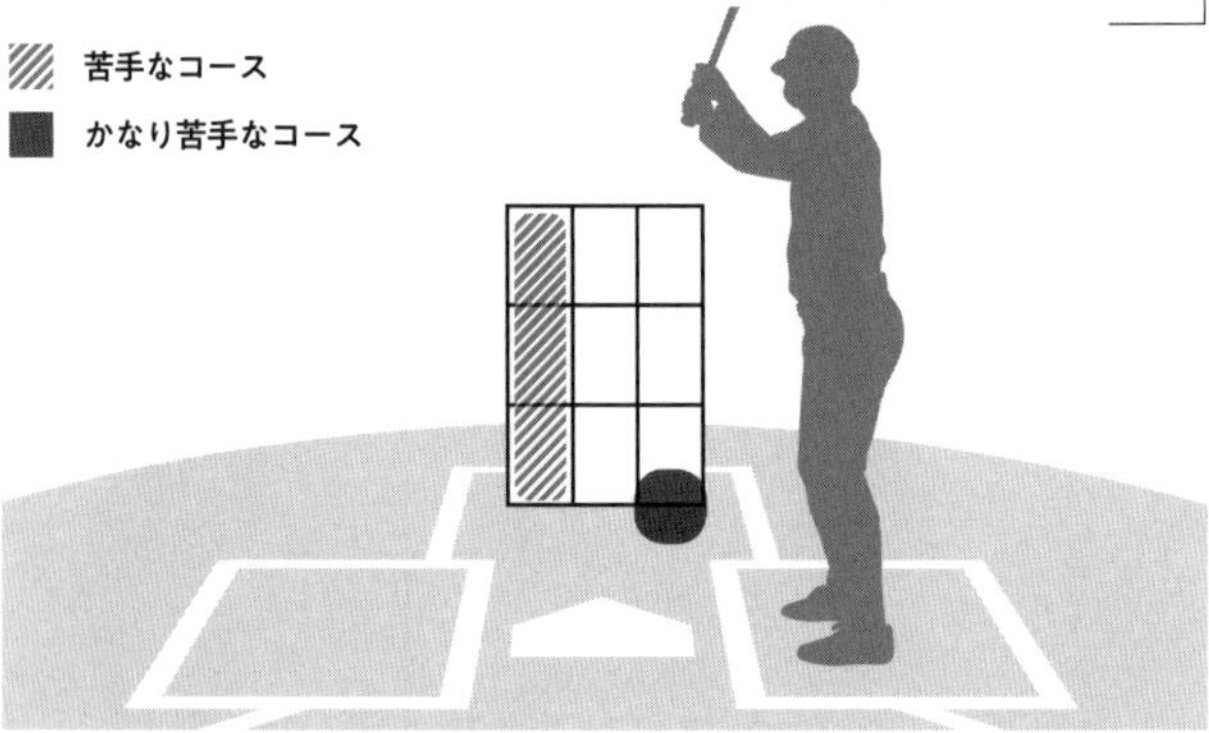

ボールを見極めてからスイングしてくるため、逃げていくような変化球が有効

ボールを長く見極めるため外角が有効

　このようなタイプの代表的なバッターが、日米で偉大な記録を打ち立て、2019年に引退をしたイチローこと鈴木一郎氏です。

　特徴的な動きはトップの状態を長くキープし、ボールを十分に見極めてからスイングしてくること。特に内角に対しては、身体をコンパクトに回転させてスイングし、スムーズに対応してきます。内角が得意なのです。

　その反面、外角のバッターから

内角は全般的に得意としている

逃げていくようなボールには対応できないことが多いため、外角をついた攻め方が有効になります。また第1章で紹介した「ピッチトンネル」を踏まえたピッチングも効果的です。

なお構えているときはスタンスが狭くても、スイング時にスタンスが広くなるバッターもいます。このタイプは外角にバットが届くため、ステップしたときのスタンスを注視して確認しましょう。

QUESTION

問題
18

「前かがみに構える
バッターに対しては、
どのコースへの投球が
有効でしょうか？」

投げられる球種	ストレート、スライダー、カーブ
バッターの特徴	前かがみに構える
場面設定	ー

前かがみに
構えるバッターには
どのコースが
有効でしょうか?

ANSWER

正答例

「内角、特に内角低目に落ちる変化球」

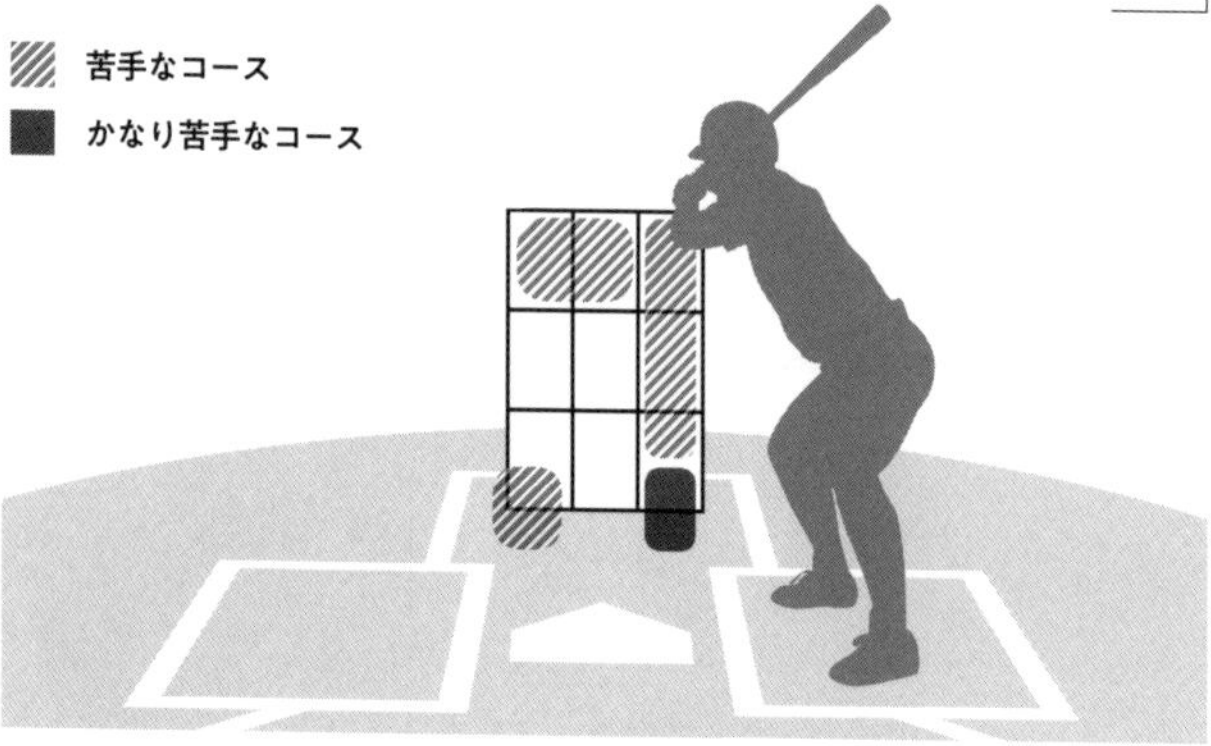

スイングの軌道と合いにくい内角への投球が有効になる

心理的に揺さぶりをかけてくることが多い

前かがみに構えるバッターには、腕が一番伸びるポイントでボールを打ちたいという思惑があります。そのため外角寄りのボールや、やや低目のボールを得意としています。その反面、全体的に内角のボールを苦手にしていて、特に左ピッチャーの内角低目に落ちるような変化球はスイングの軌道とボールの軌道が合わないため、打ち損じる確率が高くなります。それからピッチャーのストレートに威力

腕が伸びたところでインパクトできるやや外角寄りや、
やや低目のボールを得意としている

がある場合には、高目を狙った球威のあるストレートも捉えにくいボールになります。外角のストライクからボールになる球も有効です。ヘッドが返っていわゆる「引っかけ」やすいバッティングになります。このようなタイプは、心理的にピッチャーを揺さぶってくる傾向があります。特に制球力に難があるピッチャーの場合は、心理的に内角を攻めにくくなるため、思い切った高目のストレートを要求したり、リズムを乱されないように場を作ります。

QUESTION

問題

19

グリップを身体から離して構えるバッターに対しては、どのコースへの投球が有効でしょうか？

投げられる球種	ストレート、スライダー、カーブ
バッターの特徴	グリップを身体から離して構える
場面設定	ー

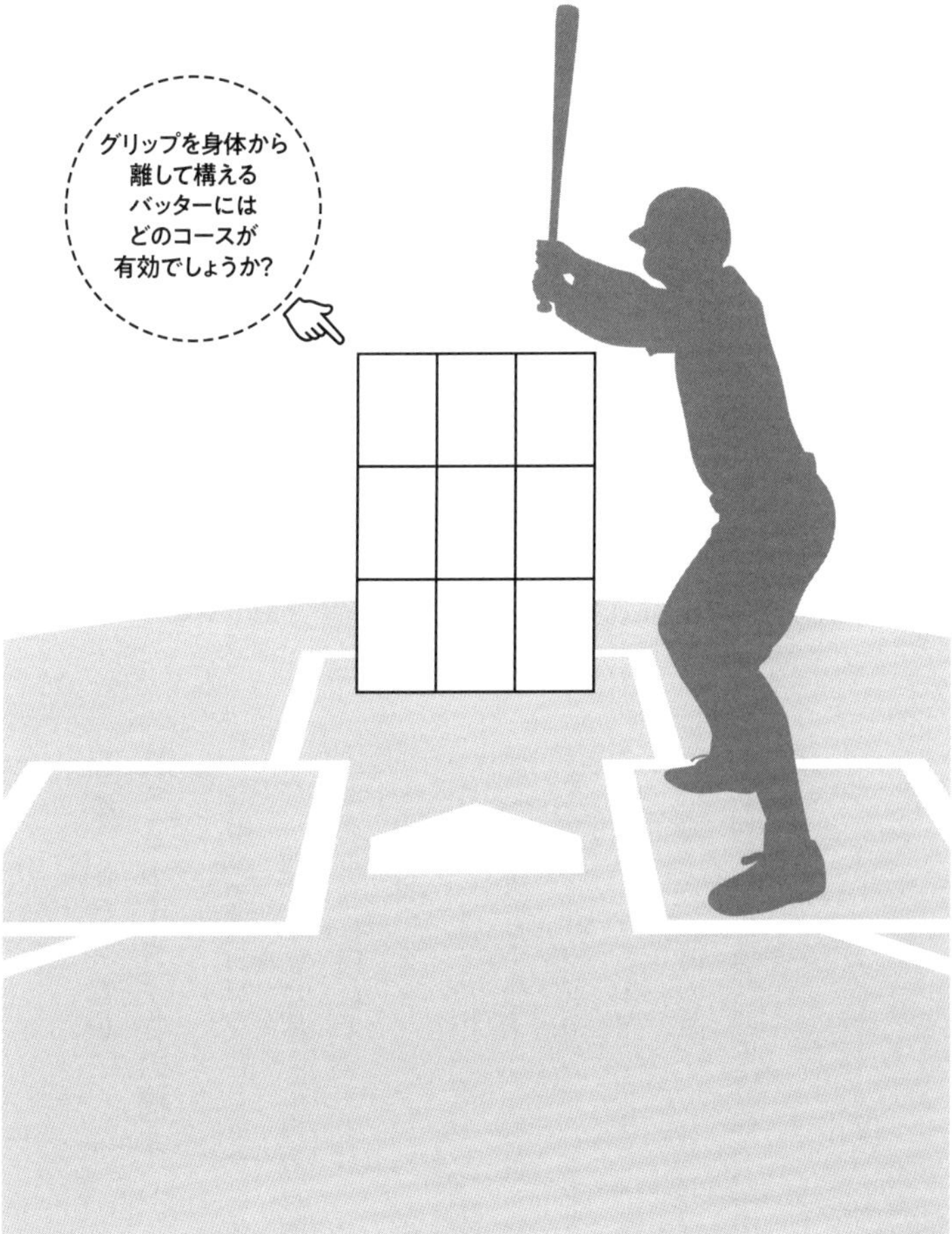
グリップを身体から
離して構える
バッターには
どのコースが
有効でしょうか?

ANSWER

正答例

内角高目や外角の低目寄り

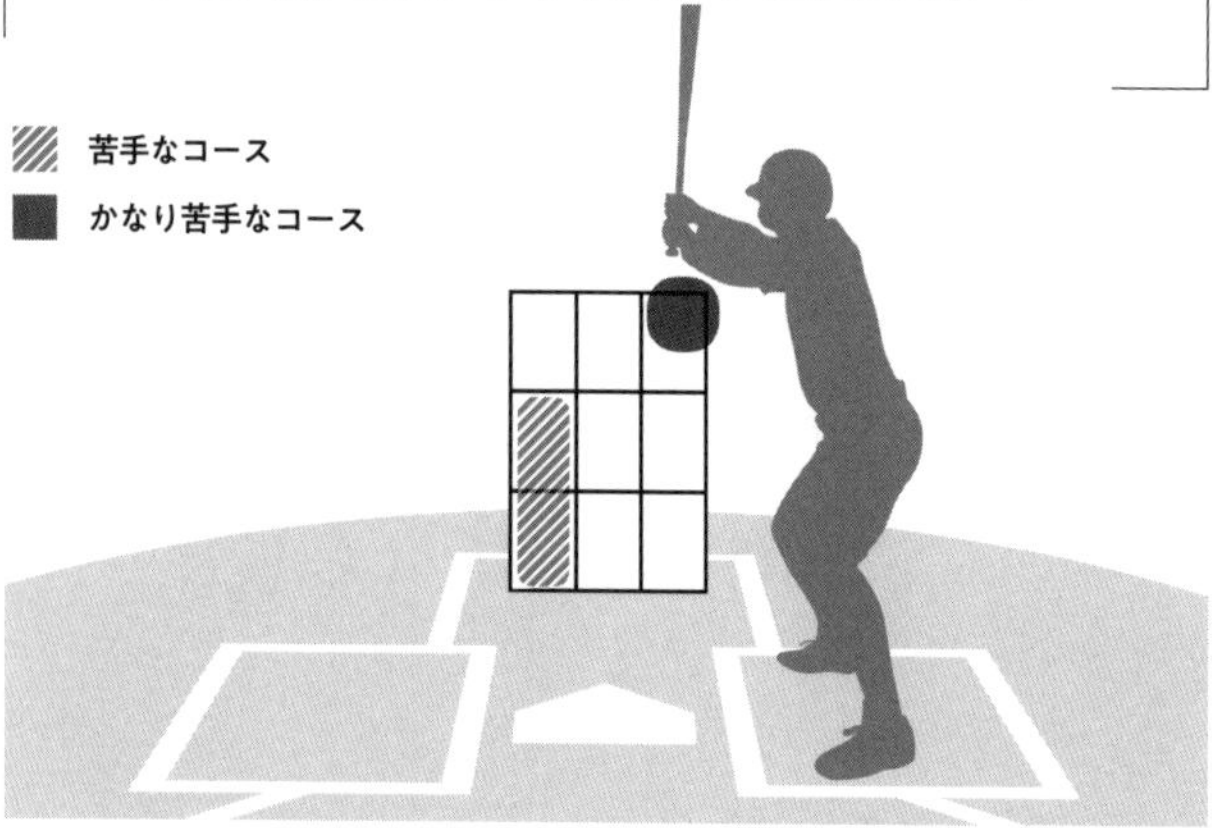

おっつけるようなバッティングをするため、強くスイングできない外角が有効

日本人には少ないスラッガータイプの構え

この構えは力がないとできませんが、腕が柔軟に使えるため、腕力がある人に向いています。

外角高目のボールに対して、「おっつける」ようなバッティングをしてくる傾向にあります。「おっつける」とはバットのヘッドを返さずに固定したまま打つことで、構えと逆方向（右バッターであればライト方向）に打ちたいときに有効です。この構えのバッターは2塁打が多いという傾向があります。

素直にバットが出てくる内角の甘いコースや真ん中から外角寄りの高目は、
長打を打たれる危険が高くなる

さらにグリップを身体から離しているため懐が広く、内角への甘いボールは上手くヒジをたたんで、引っ張るような打ち方もできます。

このように多くのコースに対して対応してきますが、苦手になるコースは外角低目と内角高目になります。外角の低目は構えた位置から強くスイングできないコースになりますし、内角の高目はかなり上手にヒジをたためてもクリーンヒットになりにくくなります。

このコースは、まさに第1章で紹介した対角線のコンビネーションを活かせるバッターとも言えます。

QUESTION

問題
20

「ベースから離れて立って構えるバッターに対しては、どのコースへの投球が有効でしょうか?」

投げられる球種	▶ ストレート、スライダー、カーブ、フォーク
バッターの特徴	▶ ベースから離れて立つ
場面設定	▶ ー

ベースから
離れて構える
バッターには
どのコースが
有効でしょうか?

ANSWER

正答例

「内角のボール球や外角いっぱい、落ちる変化球」

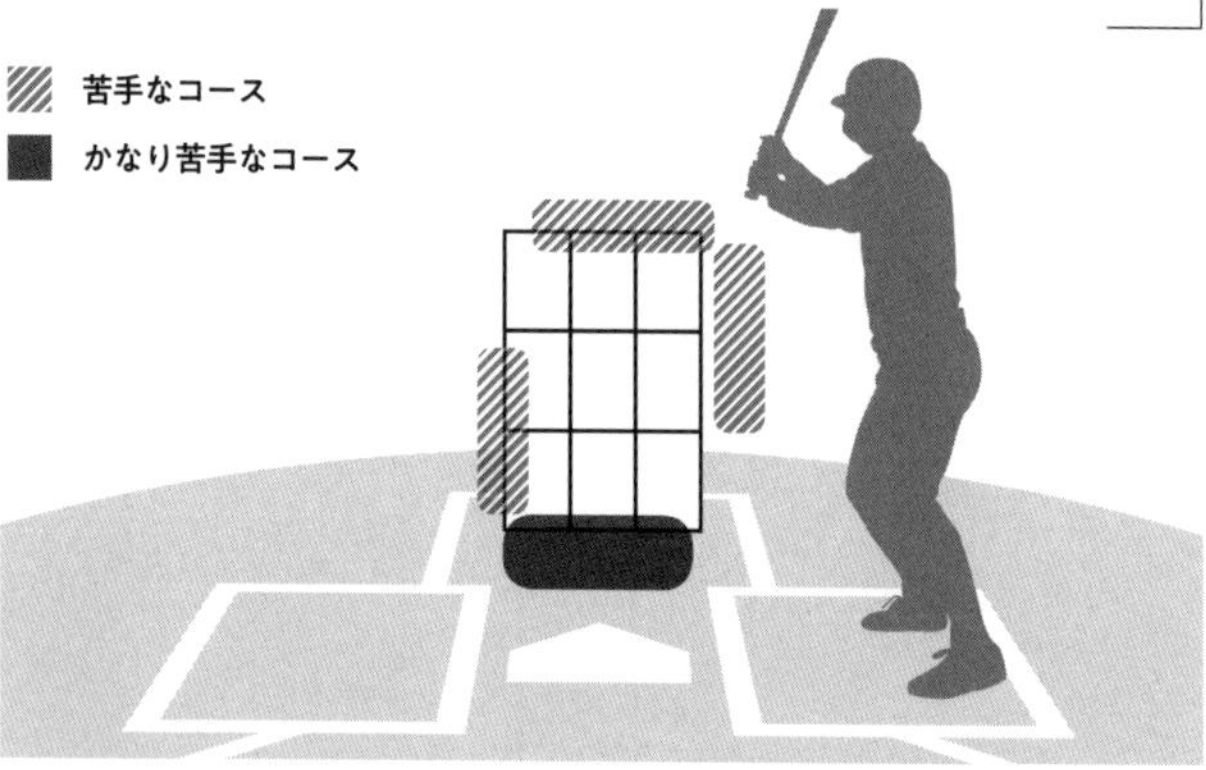

身体が大きな選手が多いため、スイングが窮屈になる内角への攻めや
バットが届かない外角いっぱいが有効になる

甘いボールを誘ってくる構えになる

このタイプは基本的に甘いコースに狙いを絞っていて、厳しいコースのボールに対してはファウルで逃げようとすることが多くあります。また身体が大きな選手に多い構えで、スイングが窮屈になる内角を苦手にしています。注意が必要なのは、このタイプの打ち方にはベース側に踏み込んでスイングをしてくる選手もいるため、その場合にはバッターボックスのライン付近への内角攻めができない

極端な内角攻めができずに投じてしまう甘いコースへのボールは
相手の狙いどおりになってしまう

ということです。本来はこの辺りへの内角攻めが有効なのですが、踏み込んでくるタイプはデッドボールになる確率が高くなってしまいます。かといって踏み込みを警戒しすぎると、吸い込まれるように真ん中へ甘い球を投げてしまいがちで、そうなるとバッターの思惑通りになってしまいます。踏み込んでくるタイプへの対策としては、ボール球を見せて揺さぶったり、ストライクゾーンの四隅をついてストライクゾーンを広く見せたり、落ちる変化球で打ち損じを誘うことなどが挙げられます。

QUESTION

問題 21

スタンスを広くして構える
バッターに対しては、
どのコースへの投球が
有効でしょうか？

投げられる球種	ストレート、スライダー、カーブ、フォーク
バッターの特徴	スタンスが広い
場面設定	ー

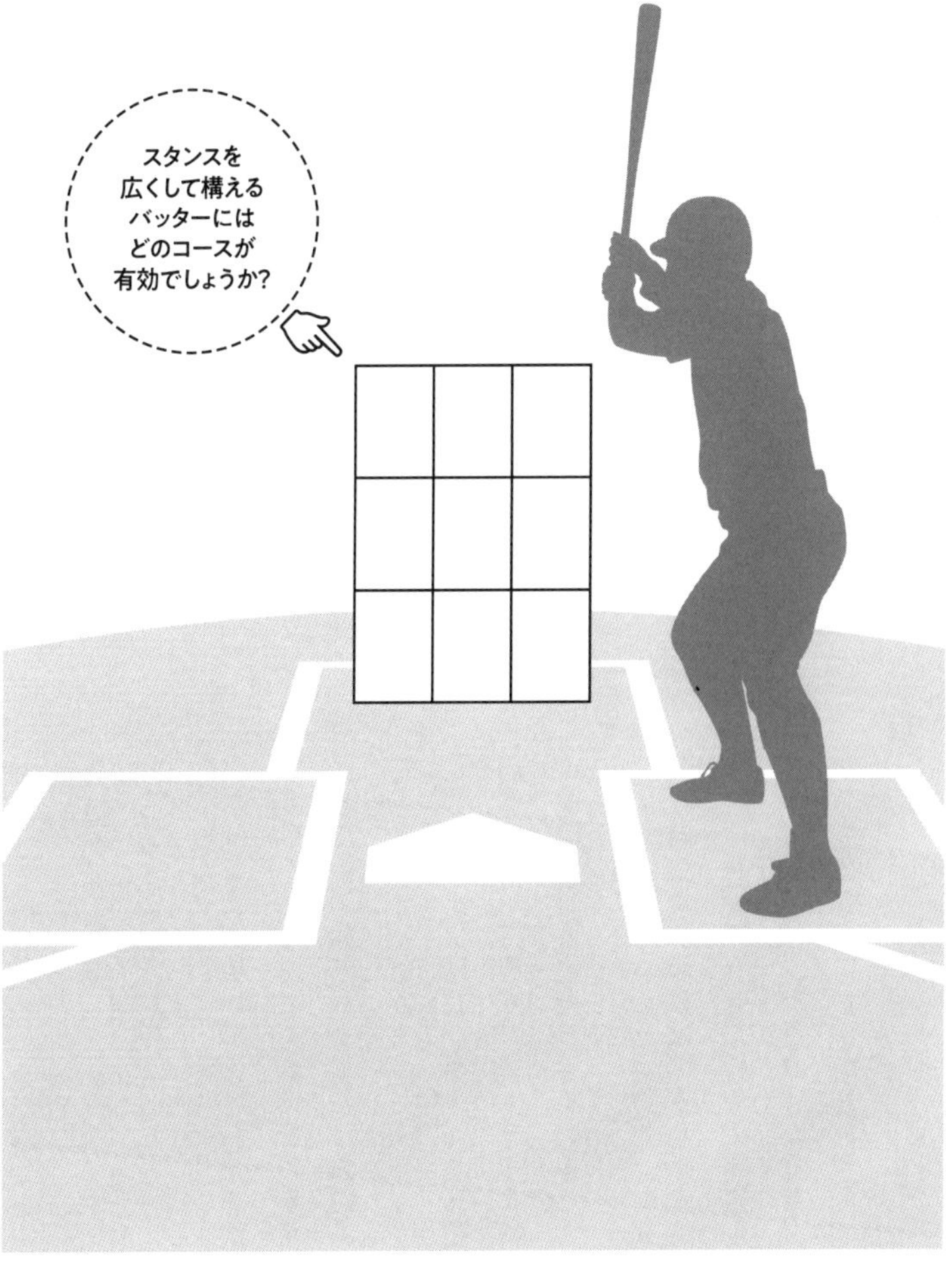
スタンスを
広くして構える
バッターには
どのコースが
有効でしょうか?

ANSWER

正答例

「緩急の大きな配球、高目やストライクゾーンの四隅、低目のボール球」

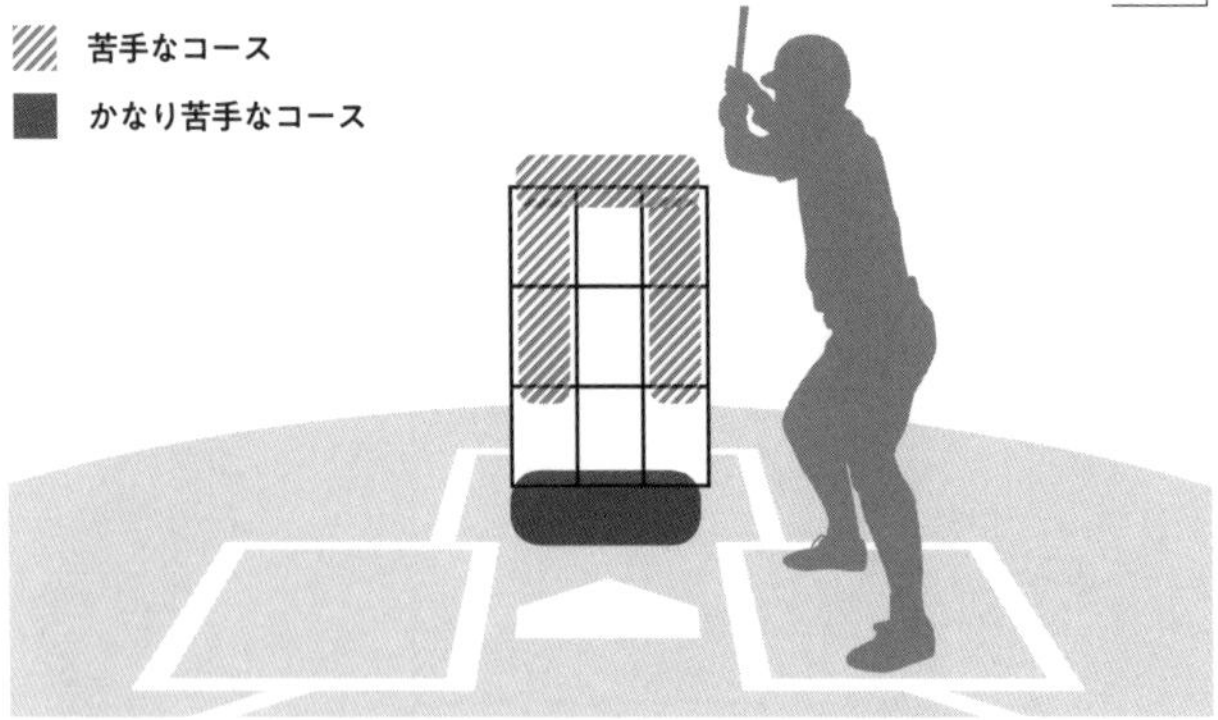

ボールを真ん中に集めずに揺さぶりをかけていく

長打力があるバッターに多い構え

スタンスが広い構えは身体を大きく動かさなくてもスイングができるため、体格がよく長打力のあるバッターが好みます。

このタイプは甘いボールを仕留めることが得意で、ストライクゾーンの低目も得意にしていることが多くあります。

攻略するためにはストレートとカーブを織り交ぜた緩急のある配球が有効です。バッターがなぜスタンスを広めにするかというと、

甘いボールや、ストライクゾーンの低目を仕留めることを得意にしている

タイミングを取るのが苦手だからです。あらかじめ広めにスタンスを取ることで余計な動きをしなくてすむのです。そのため、こうしたバッターは、タイミングをずらされる緩急が効果的になります。

また、コースが甘かったり、中途半端な変化のない球種を投げないことも大事です。例えばストライクゾーンであれば高目を攻めたり、低目へのボール球を投げたり、ストライクゾーンの四隅を突くと上手く対応できない傾向にあります。

QUESTION

問題
22

バットを寝かせて構える
バッターに対しては、
どのコースへの投球が
有効でしょうか?

投げられる球種	ストレート、スライダー、カーブ、フォーク
バッターの特徴	バットを寝かせて構える
場面設定	ー

バットを寝かせて
構えるバッターには
どのコースが
有効でしょうか?

A N S W E R

正答例

「内角や外角の高目や緩急を織り交ぜた配球」

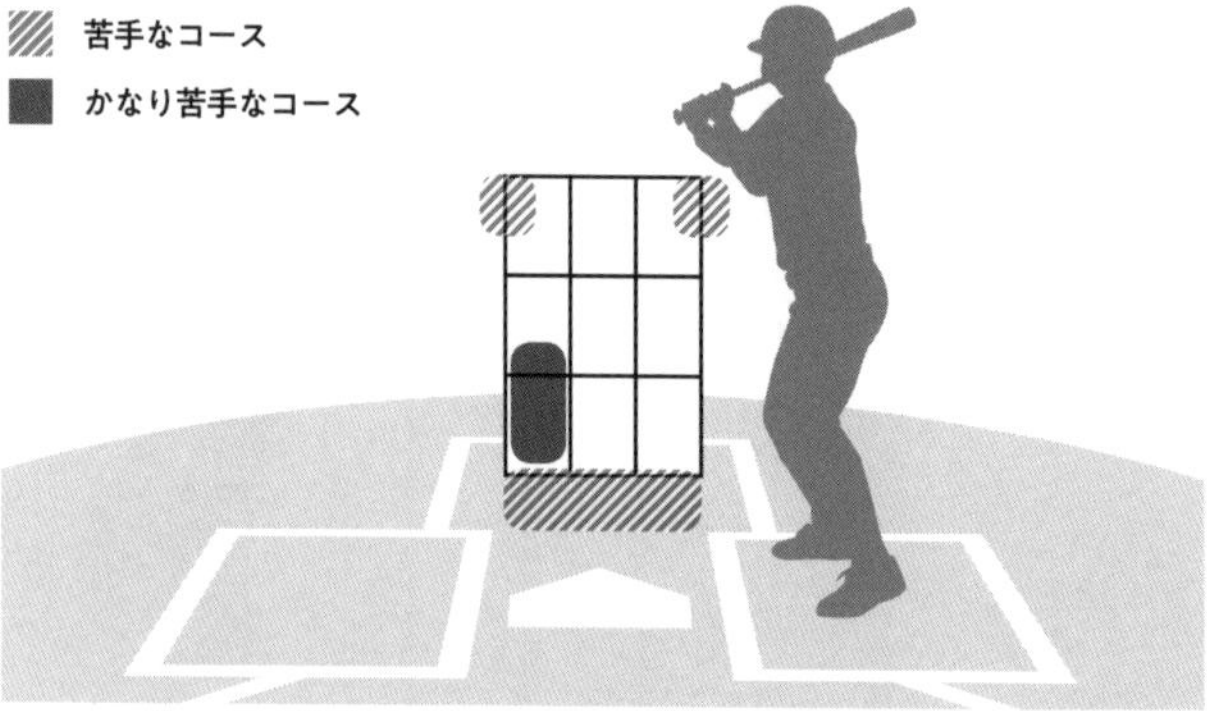

基本的にストレート狙っているため、
バットを出しにくいコースや変化球が有効になる

ストレートに対するミートを狙ってくる

このタイプのバッターは、ストレートに狙いを絞っていることが多く、やや高目のコースを得意とする傾向にあります。またバットが出しやすい内角も得意としています。バットを寝かせると高目に対してもスムーズにバットを出せるため、コースが甘かったり、中途半端な球威の高目は危険ゾーンになります。バットを長く持つか短く持つかで変わってきますが、長く持っている場合には内角高目

ストレートを狙っているため、特に高目の甘いボールや
真ん中から低目の内角は注意が必要

が、短く持っている場合は外角低目が、特に苦手なコースになります。また低目のコースはバットの軌道が合いにくく、苦手にしていることが多くあります。そのため低目を中心に攻めてストライクカウントを稼ぎ、高目で打ち損じを狙うといった攻略が有効です。

また変化球の調子がよければ、低目のボールと変化球で緩急をうまく使って追い込み、最後は外角へ変化するボールを投げることで身体を突っ込ませ、バットにボールを引っかけさせるといった配球も効果的です。

この章のまとめ＋α

この章の問題でポイントとなる要素をまとめています。

☑バッターの構えからスイングの軌道が推測できる

スタンスや姿勢、バットの位置などの構えを見れば「どのようなスイングを得意にしているか」を推測できます。そしてスイングが推測できれば、「どのコースにバットが出しやすいか」が予想でき、得意なコースと不得意なコースが考えられるようになります。この章では特徴的な12の構えを紹介しましたが、多くのバッターを知ることでさらに細かく、バッターの特徴をつかめるようになっていきます。

☑バッターの分析データと傾向をマッチングさせる

今ではほとんどのチームが相手のデータ収集（スカウティング）をしています。このスカウティングによって得られる①打球方向の傾向、②ファウルが多く飛ぶ方向、③ヒットになったコースや球種、④打ち損じたコースや球種、⑤空振りしたコースや球種などのデータと、先ほどの構えから推測できる要素をミックスすると、さらに詳細かつ1人ひとりの相手選手の分析につながります。そうなれば、より打ち取る確率の高い配球が考えられるようになります。

第3章

カウント別配球の基本

QUESTION

問題
23

「試合中盤以降、カウント0－0のときに、どのような「入り」をするとよいでしょうか？」

投げられる球種	▶ストレート、カーブ、スライダー
バッターの特徴	▶握りが高い
場面設定	▶試合中盤

B
S
O
このカウントでは
どのような
入りをすると
よいでしょうか?

ANSWER

正答例

「ストライクを取りやすい球種で
コースを突くかボール球で様子を見る」

同じパターンを繰り返すと相手に読まれるため、いくつかのパターンが必要になる

同じパターンを繰り返さない

試合中盤になると、相手も投球パターンが分かってきます。打順が2周り目や3周り目では、1周り目とは異なるパターンで入るべきです。特に初球の入り方は注意が必要で、序盤にストレート中心で投げていた場合は、変化球中心に変えていくことが必要になるかもしれません。

中盤以降はストレートに対してタイミングが合っているかを見極めたり、どのように使うかを決めます。ストレートにタイミングが

見送りストライクを取る主な球種

球種	球数	割合
ストレート	3,948	62.6%
スライダー	1,327	21.1%
カーブ	948	15%
フォーク	19	0.3%

ストレートのストライクコース

コース	球数
外角	3,948
真ん中	1,254
内角	1,779

2005-2007甲子園大会より（以降同）

バッターは初球をストライクかつストレートと予想してくることが多いが、見送る球種としてもストレートが圧倒的に多くなる。またコース的には外角が多い。また少し古いデータだが、現在でもこの数値にはほとんど変化がない

合っていなければ、「常にストレートが来る」という意識をバッターにもたせることが重要で、たとえボールになってもこの意識が頭にあれば、変化球がより生きてくることになります。またタイミングが合っていない場合に限っては、初球にストレートから入りましょう。タイミングが合っていれば、変化球から入ります。

なおストレートの使い方はとても重要です。ピッチャーはボールが遅くても速くても、いつでもストレートが配球の軸になるという原則を忘れないでください。

QUESTION

問題
24

「試合中盤以降、
カウント0－1と
ストライクが先行したときに、
どのようなコースに投げ込むと
よいでしょうか?」

投げられる球種	▶ストレート、カーブ、スライダー
バッターの特徴	▶握りが低い
場面設定	▶試合中盤

B
S
O
このカウントでは
どのような
入りをすると
よいでしょうか?

ANSWER

正答例

「ボール球か、抜き気味のストレートや変化球」

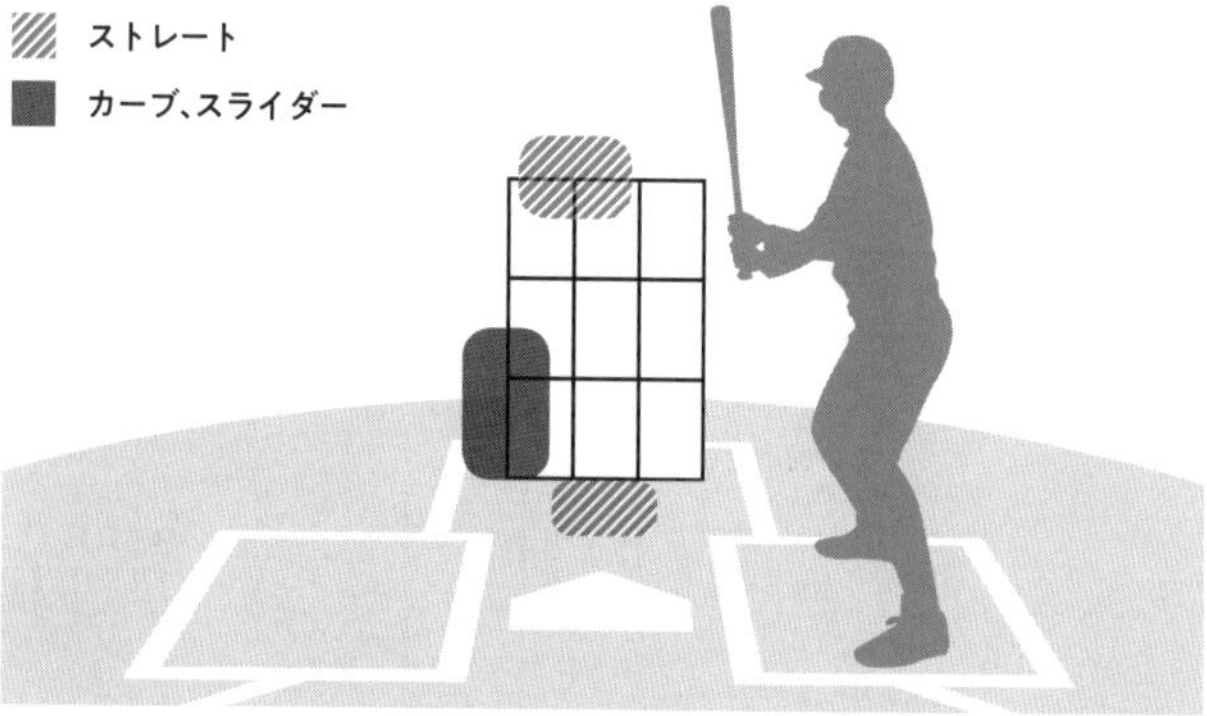

ストライクゾーンでストライクを取れるかどうかを判断基準に攻め方を選択する

当てられてよい球かどうかを判断する

0－1はピッチャー有利のカウントです。一方でバッターは追い込まれたくないため、ボール気味でも積極的に振ってきます。このバッターの心理を汲んで投げましょう。

ポイントはバッターとピッチャーの心理から関係を比較したときに、ストライクゾーンでストライクが取れるかどうかです。ここでいうストライクが取れるとは、見逃しや空振りだけでなく、ファウ

右バッターから見送りストライクを取る球種

	右ピッチャー		左ピッチャー	
	球数	割合	球数	割合
ストレート	1498	56.4%	458	66.5%
スライダー	751	28.3%	114	16.5%
カーブ	387	14.6%	114	16.5%
フォーク	4	0.2%	0	0.0%
シュート	5	0.2%	0	0.0%
チェンジアップ	3	0.1%	0	0.0%
シンカー	3	0.1%	1	0.1%
スクリュー	0	0.0%	2	0.3%
不明	5	0.2%	0	0.0%

ストレートの比重が高いことがわかるが、とくに右対右の場合には、ストレート一辺倒だとなかなか見送ってもらえないこともこの表からうかがえる

ルを打たせることも含まれます。

ストライクが取れる場合には、コースよりも球威を重視し、バッターがバックネット方向に打つようなファウルを打たせにいきます。ストライクゾーン内で少し変化するスライダーやシュートも有効です。

こうした球種がない場合は、ストライクゾーンからボールゾーンへ移動する変化球が有効になります。

またバッターの狙いが分かっていれば、その裏をかく球種を投げ、「より慎重に」と考えた場合はボールゾーンにストレートを投げてバッターの様子をうかがいましょう。

QUESTION

問題
25

「試合中盤以降、カウント1－0になったときに、どのようなコースに投げ込むとよいでしょうか？」

投げられる球種	ストレート、カーブ、スライダー
バッターの特徴	ベースの近くに立つ
場面設定	試合中盤

B
S
O
このカウントでは
どのような
入りをすると
よいでしょうか?

ANSWER

正答例

「リズムやテンポを変えたり、データやバッターの構えから苦手なコースを攻める」

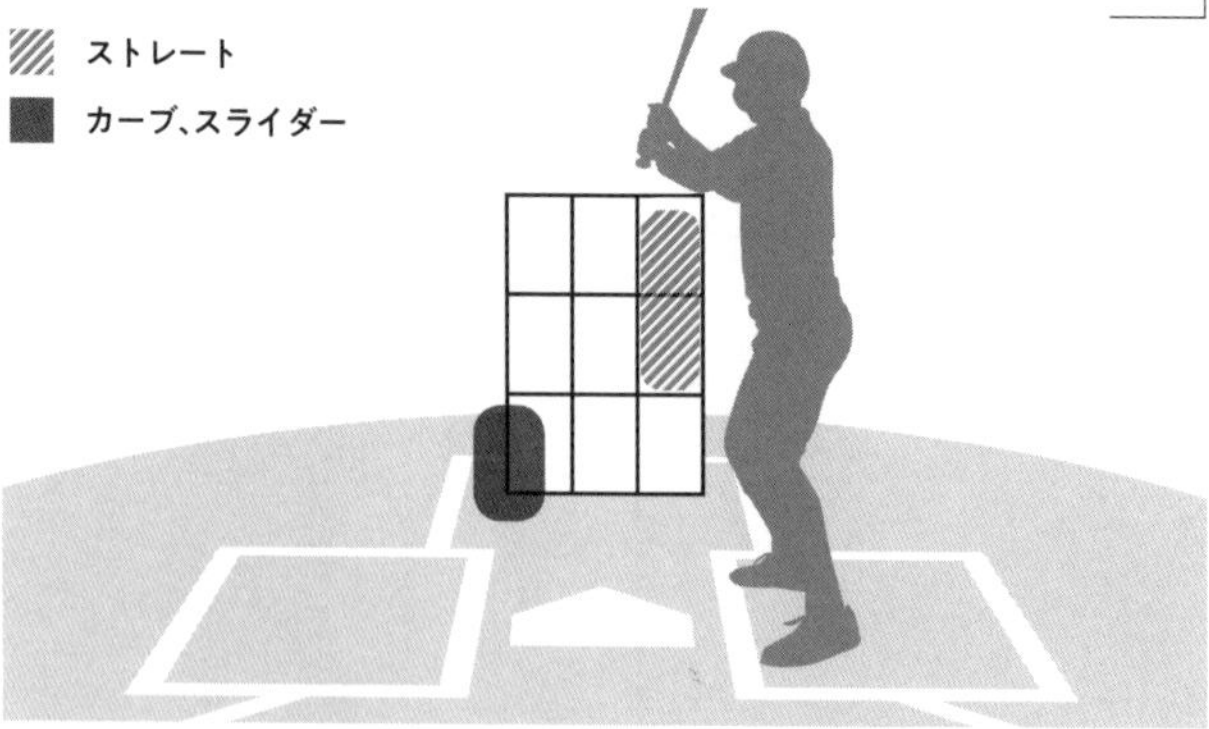

基本的にバッターは「打ちにくる」と考えておく

最もヒットになりやすいカウントの1つ

このようにボールが先行したカウントは、最も積極的にスイングしやすいカウントになります。先ほどのストライク先行と逆で、ピッチャーは不利なカウントにしたくないので「ストライクを取らなければ」という心理になりますし、バッターも追い込まれるのが嫌なので、「積極的に行こう」と考えるからです。

このカウントで避けたいことは、不用意に同じコースをつくことで

このカウントの安打数

スイング数	安打数	打率
1,900	319	0.168

カウント 2-1 の安打数

スイング数	安打数	打率
1,193	201	0.168

カウント2―1と並んで、最も安打率が高いカウントになる。打ち気のバッターをいなすような余裕が持てるようにしたい

す。バッターからすると直前に一度見たコースと球種、球速のボールは、絶好球になってしまうからです。特にこの試合でバッティングがのっていたり、調子が上がっているバッターに対しては注意が必要です。

どうしてもバッターを抑えたい場合には、「試合中に何度かある失点の危険があるピンチの場面」と考えて、その日に最もコンディションのよいコースや球種で攻めるピッチングをすることも選択する必要が出てくるかもしれません。

QUESTION

問題

26

試合中盤以降、カウント1－1と平行のカウントになったときに、どのようなコースに投げ込むとよいでしょうか？

投げられる球種	▶ ストレート、カーブ、スライダー
バッターの特徴	▶ 前かがみに構える
場面設定	▶ 試合中盤

B
S
O
このカウントでは
どのような
入りをすると
よいでしょうか?

ANSWER

正答例

「コースを突いていく」

初球と同様にコースを突いて、できるだけファウルを打たせる

ファウルを取りにいくカウント

バッターは有利なカウントに持ち込みたいため、初球と同様に甘いボール以外は手を出してこない傾向があります。

この場面は絶対にストライクを取りたい場面で、バッテリーの考え方が出やすい状況であり、「2－1にしたくない」と思うか「2－1になっても仕方がない」と思うのかの「余裕度」が勝負を左右します。

ピッチャーは追い込まれた状況

ピッチャーが崩れる3つの局面

1 グラウンド整備直後は、打順が2周り目から3周り目に入り、バッターも狙い球が絞れてくる。またボールの質が落ちるなど、ピッチャーに疲れが出てくるのもこの頃になる。

2 3連打をされたときは、ピッチャーのクセや配球、パターンなどが相手に完全に見破られたと思ったほうがよい。

3 審判にニューボールを渡されたときも注意したい。ニューボールは手に馴染みにくく、変化球が曲がりにくいため、ストレート系が多くなる傾向がある。

ピッチャーは主にこの3つの局面でピッチングが崩れる傾向にある。崩れる場面で監督が続投を決断した場合は、配球パターンをガラッと変えるなどの工夫が必要になる

になるほど、意図したコースに投げられる確率が低くなります。そのため気持ちに余裕を持ち、「2－1になっても仕方ない」と思えるようになりたいものです。

このカウントでの攻略法ですが、初球と同じようにコースを突くことが大事になります。できればゲーム序盤にバッターのスイング軌道を把握しておき、「このスイングであればこの方向にしか飛ばない」というコースに投げてファウルを打たせ、ストライクカウントを稼ぎましょう。

QUESTION

問題

27

「試合中盤以降、
カウント0-2と追い込んだときに、
どのようなコースに
投げ込むとよいでしょうか?」

投げられる球種	ストレート、カーブ、スライダー
バッターの特徴	グリップが身体の内側に入る
場面設定	試合中盤

B
S
O
このカウントでは
どのような
入りをすると
よいでしょうか?

ANSWER

正答例

「基本は勝負球を投げる」

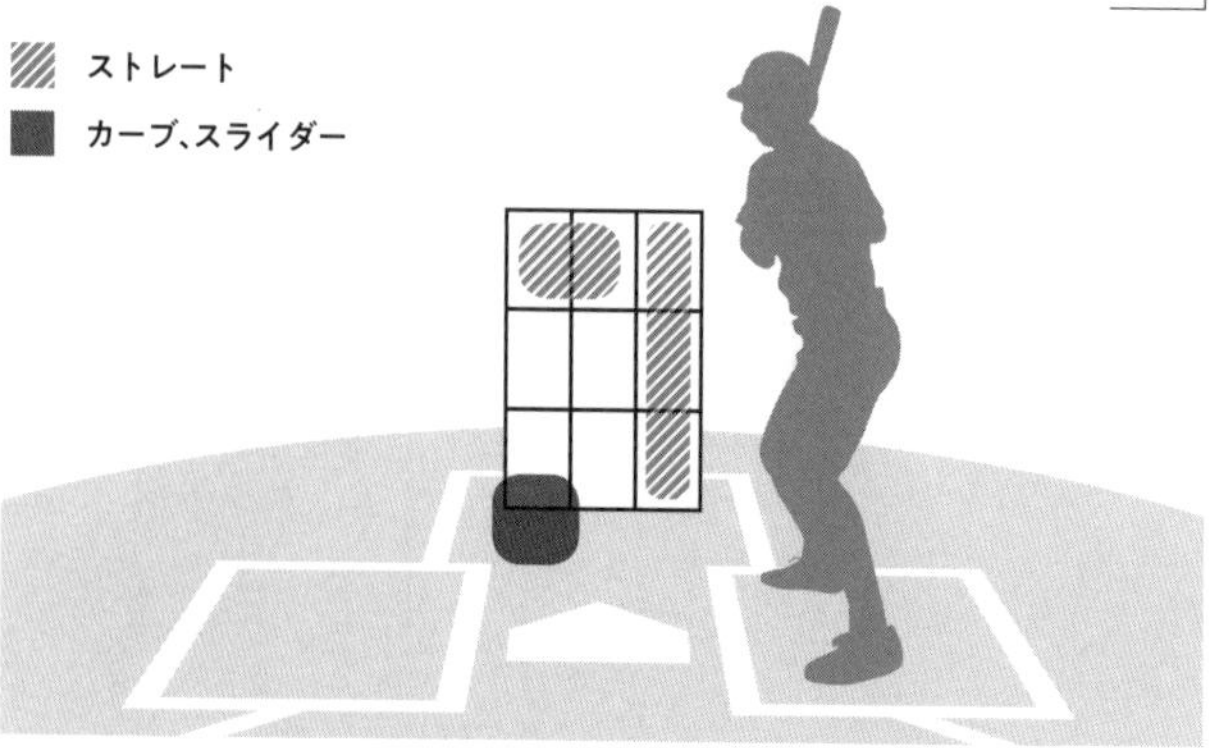

フルカウントまで4球あるが、すべて勝負球を投げるつもりで、
また当ててくるカウントと思って怖がらずに攻める

絶対的にバッテリーが有利なカウント

このカウントはバッテリーにとって余裕のあるカウントですが、現代野球では以前と比べて「0－2から勝負に行くべき」という風潮が強くなっています。近年のバッターは2カウントまではフルスイングをし、追い込まれてからはコンパクトなスイングに切り替える傾向にあり、誘い球には乗らず、厳しいコースはカットし、甘く入った球を叩いてきます。バッターが2ストライクからバッティング

このカウントの安打数

スイング数	安打数	打率
715	64	0.090

空振りを取る主な球種

球種	球数	割合
ストレート	1,277	42%
スライダー	1,251	41.1%
カーブ	317	10.4%
フォーク	84	2.8%

攻めていくピッチングでは、三振を狙うのも1つ。空振りを取るには、ストレートとスライダーが有効になる

スタイルを切り替えてくるのかは、キャッチャーの観察眼が重要になってきます。そしてコンパクトに当ててくるタイプには、どんどん勝負球で攻めていきましょう。逆に2ストライクからでも振ってくるバッターは厄介で、いろいろなボールを交えながら攻める必要があります。0－2からの4球すべてを勝負球で攻めるくらいの気持ちで勝負をします。遊び球はあくまでも結果的なもので、このカウントは打ち取るためのウイニングショットを使っていきましょう。

QUESTION

問題 28

「試合中盤以降、カウント2−0になってしまった場合に、どのようなコースに投げ込むとよいでしょうか?」

投げられる球種	▶ストレート、カーブ、スライダー
バッターの特徴	▶振りが大きい
場面設定	▶試合中盤

B
S
O
このカウントでは
どのような
入りをすると
よいでしょうか?

ANSWER

正答例

「コースにきっちり投げ込むか、タイミングを外す」

バッターは、狙い球以外は振ってこないと考える

心理的に追い込まれずに投げる

　バッターにとって余裕ができる有利なカウントのため、甘い球以外は振ってきません。そのためコースにきっちりと投げることが理想的です。

　また私が勧めたいのは、うまくバッターのタイミングを外すことで手を出せないようにし、ストライクカウントを取っていくピッチングです。

　例えば球速が遅いピッチャーが、このカウントになったときですが、

このカウントの安打数

スイング数	安打数	打率
541	76	0.140

スクイズ率の高いカウント

カウント	実施率	成功率
2-0	6.8%	42%
1-1	5.5%	41.1%
1-2	4.1%	10.4%

打たれる確率が高くなるため、心理的に追い込まれないようにし、冷静に対処したい。またスクイズの成功率が最も高いカウントになることも知っておきたい

ストライクを取りに行く必要があります。多くの場合はストレートになりますが、バッターももちろんそのボールを狙っています。そこでセットポジションで構え、じっと待つような間を作ります。そこからクイックで投げると、不意をつかれたバッターは差し込まれ、ファウルを狙えます。この後バッターは「遅れてはいけない」と早めにスイングの準備をします。そこに遅いボールを投げれば、2－2にできる可能性が高くなります。

ピッチャーが心理的に追い込まれてしまうと、このような投球はできません。特に投球テンポが一定になることが多いため、ピンチのときこそ冷静に対応できるようにしたいものです。

QUESTION

問題
29

「試合中盤以降、カウント2－1になった場合は、どのようなコースに投げ込むとよいでしょうか？」

投げられる球種	▶ストレート、カーブ、スライダー
バッターの特徴	▶当て逃げ
場面設定	▶試合中盤

B
S
O
このカウントでは
どのような
入りをすると
よいでしょうか?

ANSWER

正答例

「コースにきっちり投げ込むか、変化球を使う」

バッターが圧倒的に有利なカウント。バッテリーの考えでストライクカウントを増やす

「バッティングカウント」をしのぐ

このカウントは「バッティングカウント」と呼ばれ、バッターが非常に有利なカウントになります。そのためバッターは積極的に振ってくる傾向にあります。またピッチャーにとっては「3－1にはしたくない」という心理が出やすくなります。

そこで必要になるのは、いろいろなバリエーションを持つことです。基本はストレートと変化球をしっかりと低目に投げ分けること。

このカウントの安打数

スイング数	安打数	打率
1,193	201	0.168

打たれる確率が高くなるため、心理的に追い込まれないようにし、冷静に対処したい。

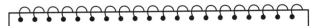

工藤公康監督の投球

ソフトバンクの工藤監督の現役時代、フルカウントからキャッチャーのサインに7回ほど首を振ったのを見たことがあります。そして混乱しているバッターに対して、ど真ん中にストレートを投げて三振を取りました。このときに何を考えていたのか尋ねると「最初からやろうと考えていました」との答え。とても高度な駆け引きです。

ただしこのカウントでは「ストレートだけ」や「変化球だけ」とならずに、低目でカウントを取れる複数の変化球が欲しく、最低でも2種類あればよいでしょう。どの変化球でも、低目に投げることが大切です。

このようにバッターに狙いを絞らせなければ、ピッチャーは心理的に楽になります。そのため日頃の練習からこの2－1のカウントを想定し、通りいっぺんの投球パターンにならないように工夫をし、ピンチを乗り越えるための投球パターンを増やしていきましょう。

QUESTION

問題
30

「試合中盤以降、カウント1ー2になった場合は、どのようなコースに投げ込むとよいでしょうか？」

投げられる球種	ストレート、カーブ、スライダー
バッターの特徴	スタンスが狭い
場面設定	試合中盤

B
S
O
このカウントでは
どのような
入りをすると
よいでしょうか?

ANSWER

正答例①

0-2から1-2になった場合は
同じボールを投げるか、
違うボールを投げるかを考える

正答例②

1-1から1-2になった場合は
ウイニングショットを投げる

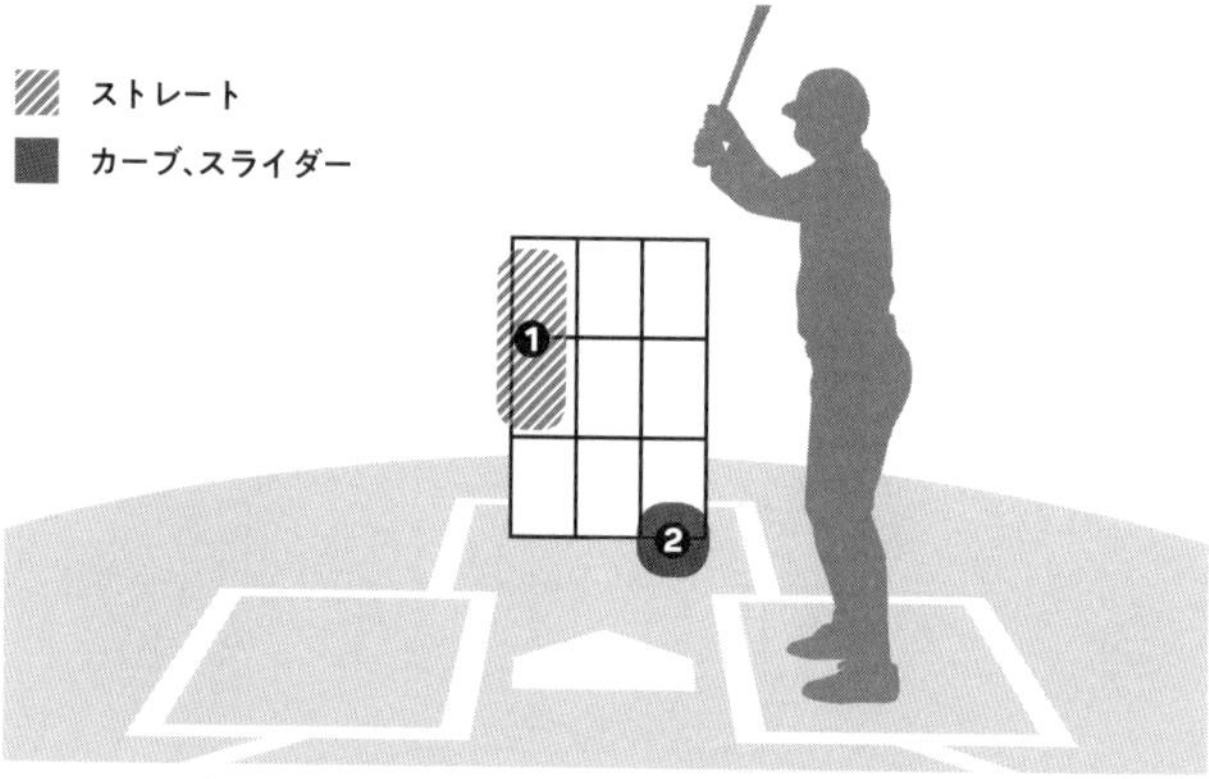

どのようにこのカウントになったかで投げるボールが変わる

前の投球で対応が変わる

バッターにとっては0－2と同様に、大きなスイングからコンパクトなスイングに切り替えるカウントです。また打ちにくるゾーンも広くなるため、少々のボール球でも手を出してくる傾向にあります。

ここで考えたいことは「どのようにしてこのカウントになったのか」ということ。0－2から1－2になった場合は、「手が出なくてボールになった（①）」「ボールだと見極められた（②）」など、ボールになった状況をよく把握してお

このカウントの安打数

スイング数	安打数	打率
1,920	229	0.119

空振りを取る球速

カウント	平均	標準誤差
ストレート	135.5km/h	±7.1km/h
スライダー	120.3km/h	±6.4km/h

打たれる確率は全体の平均レベル。もう1つの表は空振りを取るために必要な球速で、135キロでもコースをつけば空振りが取れることを意味する

きます。そのうえで同じようなボールを投げるか（①の場合）、違うボールを投げるか（②の場合）を考えます。

このカウントは、いわゆる「裏をかく」という言葉の投球を行うカウントでもあります。例えば0－2から内角高目でボールとなり、1－2になったとします。次は外角低目の変化球というのがセオリーですが、「裏をかいて」球威のある内角ストレートで勝負をすることもできます。

QUESTION

問題
31

試合中盤以降、
カウント2－2になった場合は、
どのようなコースに投げ込むと
よいでしょうか？

投げられる球種	ストレート、カーブ、スライダー
バッターの特徴	前かがみに構える
場面設定	試合中盤

B
S
O
このカウントでは
どのような
入りをすると
よいでしょうか?

ANSWER

正答例

「ボール球も交えてバッターの苦手なコースを攻める」

バッターは短く構えてフルカウントを狙ってくることが多いため、
ボール球を交えながら攻める

前の投球で対応が変わる

バッターによっては「もう1球ボールになればフルカウントだ」と考える欲が出てきます。そのためストライクや際どいコースはファウルで逃げ、ボールを投げさせようとしてくることもあります。

このようなバッターに対してピッチャーは、「フルカウントになってもよい」と考えるか、「ストライクゾーンに投げてここで勝負する」と考えるかを決めて攻める必要が出てきます。

このカウントの安打数

スイング数	安打数	打率
1,841	235	0.128

ボールカウント別盗塁成功率

カウント	盗塁成功率
0-0	84.4%
0-1	82.5%
2-2	78.6%

打たれる確率は全体の平均レベル。気をつけたいのは、意外とこのカウントでの盗塁成功率が高いこと。「ありそうもない」というバッテリーの油断が成功率の高さになっている

1－1でも紹介したように、この「平行カウント」はバッテリーの考えが最も反映される場面です。攻める場合にはウイニングショットを使いつつ、「ボール球を投げられる余裕があるんだ」と捉えたいものです。

なお何度か紹介しているように、いくらよいボールでも連続して投げるのは危険です。そのため、「ウイニングショットを連投する」「似たようなコースに同じ球種を投げる」といったピッチングは避けるようにしましょう。

QUESTION

問題
32

「試合中盤以降、カウント3－1になった場合は、どのようなコースに投げ込むとよいでしょうか？」

投げられる球種	ストレート、カーブ、スライダー
バッターの特徴	グリップを身体から離して構える
場面設定	試合中盤

B
S
O
このカウントでは
どのような
入りをすると
よいでしょうか?

ANSWER

正答例

「ストレートでストライクを狙う」

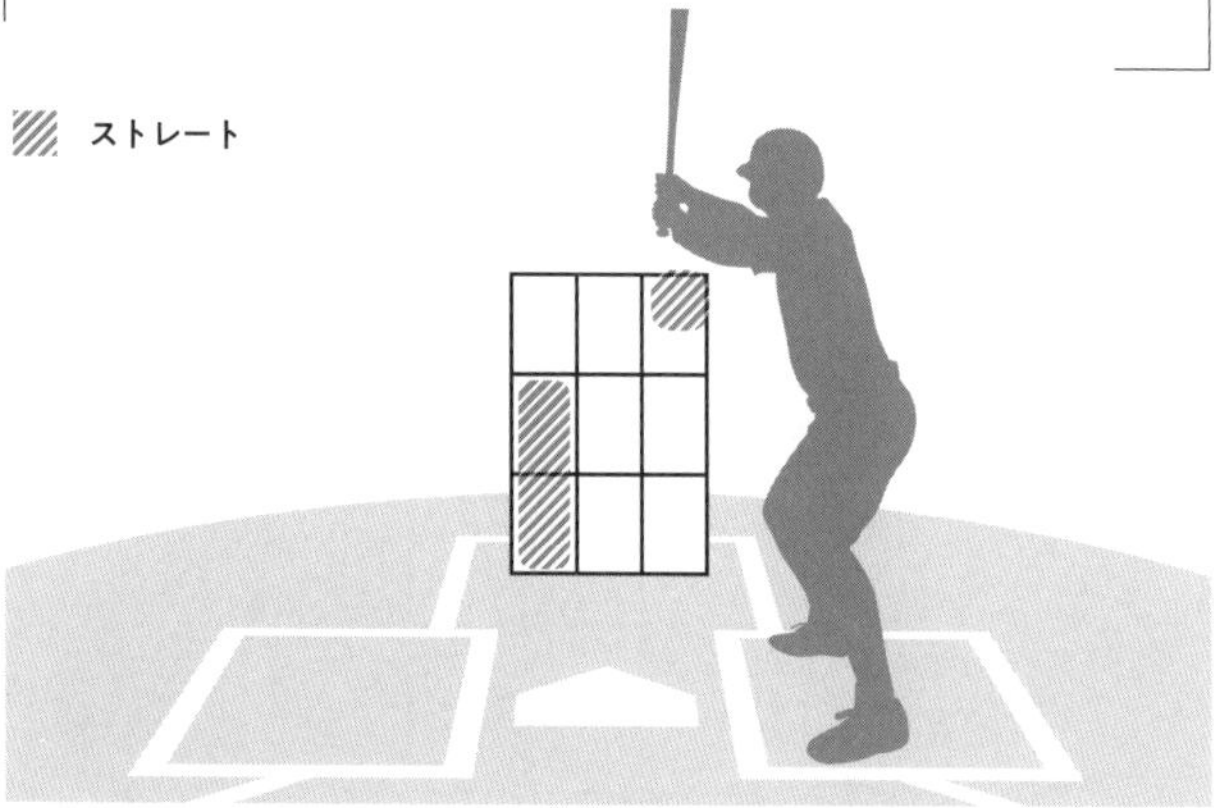

このカウントでは3−2で投げる球種を考えながらストライクを狙う

変化球は温存が理想

このカウントでは、「どのボールでストライクを取るか」が重要になります。基本的な考え方として、3−1から変化球を投げてしまうと、バッターは次に投げるストレートを狙ってくるため、フルカウントになったときに投げるボールが難しくなります。なぜならストレート狙いが読まれているため、よほどいいコースに投げないと仕留められる危険が高くなるからです。

ここではストレートでストライ

このカウントの安打数

スイング数	安打数	打率
400	64	0.160

左バッターから見送りストライクを取る球種

	右ピッチャー		左ピッチャー	
	球数	割合	球数	割合
ストレート	1370	65.9%	622	68.0%
スライダー	364	17.5%	134	14.6%
カーブ	297	14.3%	150	16.4%
フォーク	14	0.7%	1	0.1%
シュート	4	0.2%	1	0.1%
チェンジアップ	8	0.4%	1	0.1%
シンカー	17	0.8%	0	0.0%
スクリュー	0	0.0%	0	0.0%
不明	4	0.2%	6	0.7%

ストレートの比重が高いことがわかるが、とくに右対左の場合には、ストレート一辺倒だとなかなか見送ってもらえないこともこの表からうかがえる

クを取りにいき、バッターのスイングによって次に投げるボールを決めます。3－1のカウントでは、バッターは当然ストレートを狙ってきます。ここで大切なのは、甘いストレートを待っているということです。そのためストライクゾーンの高さやコースのギリギリを狙い、「フォアボールOK」の気持ちでいきましょう。ツーシームやカットボールなど、ストレートと球速が変わらない球種を持っている場合は、ストライクゾーンにこれらの球種を投げ込めば、ファウルでカウントを取れるはずです。

QUESTION

問題

33

「試合中盤以降、カウント3－2になった場合は、どのようなコースに投げ込むとよいでしょうか？」

投げられる球種	ストレート、カーブ、スライダー
バッターの特徴	ベースから離れて立つ
場面設定	試合中盤

B
S
O
このカウントでは
どのような
入りをすると
よいでしょうか?

ANSWER

正答例

「高目のボール球や落ちる変化球を振らせる」

積極的に振りにくるバッターに対して、ボールになる球を振らせる

ボール球を振らせて仕留めることが理想

バッターはフォアボールを考えるため慎重にはなるものの、追い込まれた状況であるため、積極的に振りにきます。特にこのカウントまでバットを振っていない場合には、ボール球でも手を出す傾向が強く、3－1から変化球でストライクをとった場合はストライクを狙ってきます。このカウントでバッテリーに多い攻め方は、スライダーなどをストライクゾーンに投げて打ち取ろうとすることです。

このカウントの安打数

スイング数	安打数	打率
1,149	186	0.162

四球の数と勝率の関係

四球数	勝率
1個	75.6%
5個	65.2%
0個	55.0%

積極的に振りにくるバッターが多く、意外と安打率も高くなる。そのためボール球で仕留めることも視野に入れたい。なお四球数と勝率の関係を見ると、多少の四球があっても勝率が高いことがわかる

しかしバッターは積極的に振りにくるため、万が一の危険も出てきます。それよりは高目のボールになる釣り球で空振りを誘ったり、落ちる変化球に手を出させるようにするのも1つの手段です。頭がよいキャッチャーは強打者に対して、わざと3－0のカウントにし、見逃しで1つ目のストライクを取り、3－1からストライクを取って最後にボール球で仕留めるという仕掛けを作ります。このカウントでボール球を投げて仕留められるピッチャーは、「このピッチャーはいいな！」と思える選手だと言えます。

この章のまとめ＋α

この章の問題でポイントとなる要素をまとめています。

カウント別のスイング数から見た安打数

それぞれのカウントごとに安打数を紹介しましたが、全カウントをまとめるとこのようになります。特にボールカウントが1つ先行している1―0や2―1、3―2のときの打率が高くなっていることがわかります。

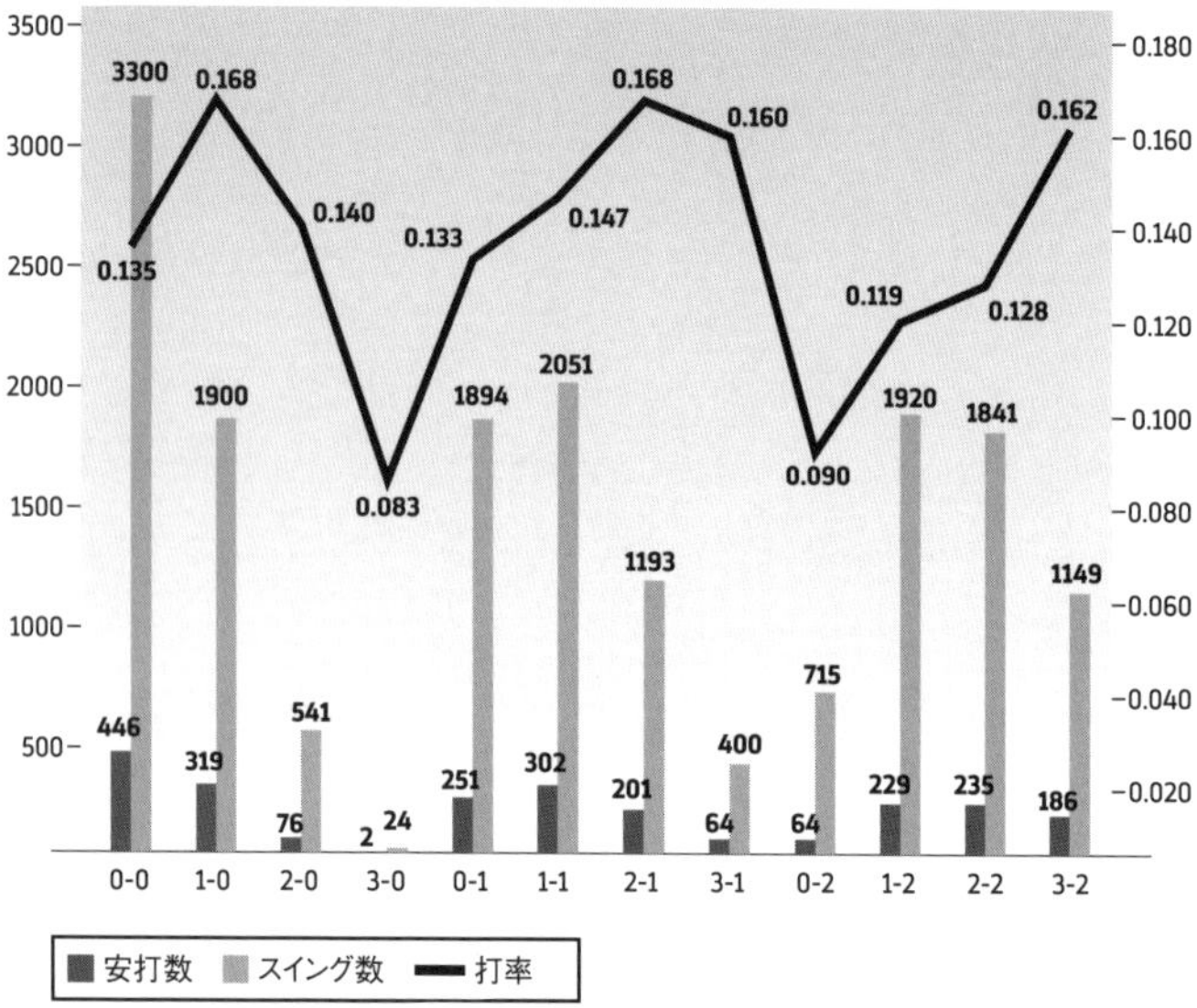

第4章

状況別配球の基本

QUESTION

問題
34

ランナー1塁の状況でピンチを広げないためには、どのようなコースへどのような球種を投げるとよいでしょうか？

投げられる球種	ストレート、カーブ、スライダー
バッターの特徴	ー
場面設定	ー

ランナー１塁で
ピンチを広げない
ためには、
どこへどのような
球種を投げますか?

ANSWER

正答例①

「アウトコース低目の
スライダーから
インコース低目のストレート」

正答例②

「アウトコース低目の
ストレートから
インコース低目への変化球」

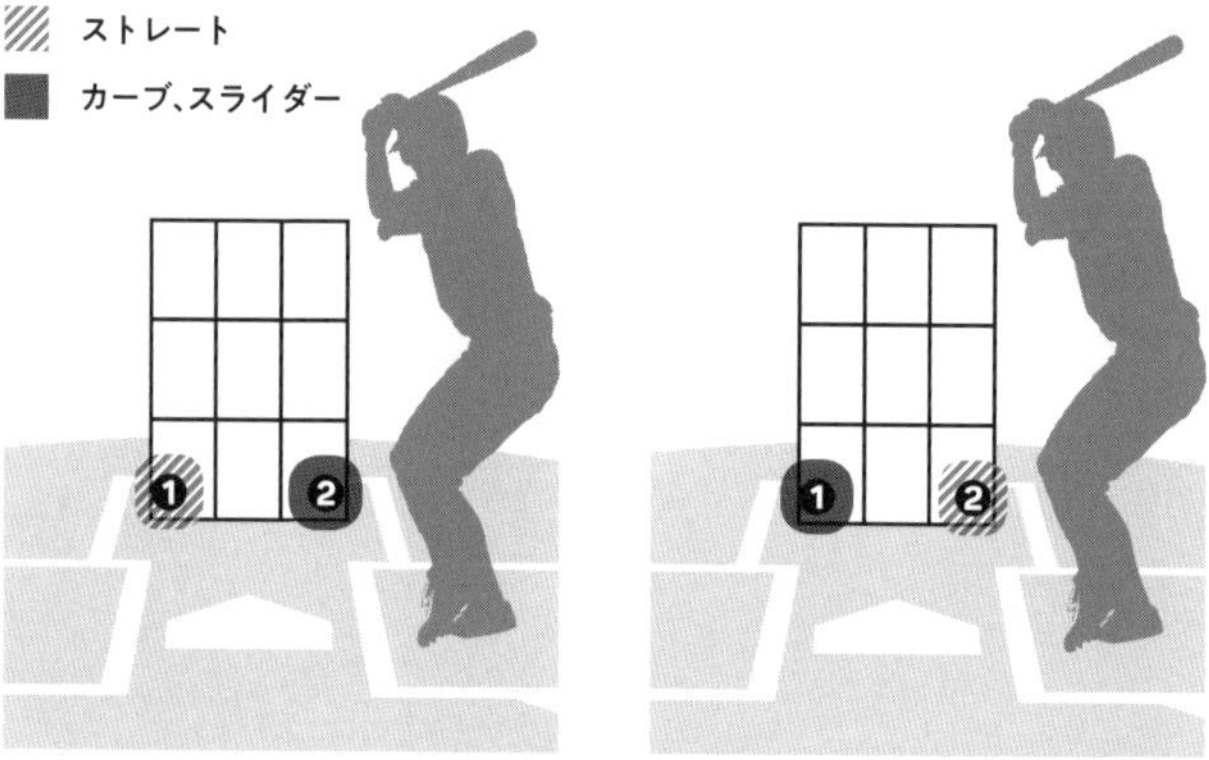

右バッターの場合の正答例。
左バッターはインコースを見せておいてアウトコースを詰まらせる

低目を投げてゴロを打たせる

右バッターの場合の理想的な配球は、アウトコースのボールを見せておき、インコースで詰まらせてゴロを打たせることです。左バッターはこのケースでは引っ張ってくることが多いため、逆にインコースを見せておいてゴロに打ち取りたいものです。基本的にはどちらも低目を投げます。

球種とコースの組み合わせとしては、2つのパターンが考えられます。

1つは初球に変化球でストライ

この状況での得点確率と得点期待値

▶▶▶ 得点確率

	高校野球	大学野球
ノーアウト	28.5%	18.3%
1アウト	16.9%	10.0%
2アウト	6.7%	4.0%

▶▶▶ 得点期待値

	高校野球	大学野球
ノーアウト	0.523	0.306
1アウト	0.286	0.224
2アウト	0.1	0.06

攻撃側が考えていることは「いかにランナーを進めるか」であり、「あわよくばバッターも生きる」こと。サード方向にゴロを打たせて攻撃側の狙いを阻止したい

クを取るパターンです。バッターはストレートを予想していることが多いため、スライダーなどの小さい変化でストライクを取り、バッターがアウトコースのボールを打とうとしているところにインコースを投げてサード方向へ打たせます。

もう1つは、初球は低目のストレートで入り、変化球を引っかけさせてサード方向に打たせるパターンです。もしも高目に自信があれば、ランナーが進めない程度の外野フライに打ち取るのもよいでしょう。

もちろんゲッツーを取れることが理想ですが、それが無理でも「塁を進めずにアウトを取る」「最悪でも1アウト2塁」となればよしとしましょう。

QUESTION

問題
35

「ランナー2塁の状況で
ピンチを広げないためには、
どのようなコースへ
どのような球種を
投げるとよいでしょうか?」

投げられる球種	ストレート、カーブ、スライダー、フォーク
バッターの特徴	―
場面設定	―

ランナー２塁で
ピンチを広げない
ためには、
どこへどのような
球種を投げますか？

ANSWER

正答例

「アウトコースへ初球。続けてベルト辺りのインコースへのストレートから落ちるボールで三振を狙う」

できるだけ三振を狙い、難しければサードかショートへのゴロを打たせる

三振を狙ったピッチングが求められるケースもある

スコアリングポジションになるので、ピッチャーとしてはギアを上げて打ち取っていきたい場面で、できるだけ三振を狙い、難しければサードかショートへのゴロを打たせます。

この状況はわかりやすい場面でもあり、ピッチャーの持っている力をもっとも発揮しないといけません。そういった意味では、けん制を入れながらきちんとバッターと対峙できると言えます。

この状況での得点確率と得点期待値

▶▶▶ 得点確率

	高校野球	大学野球
ノーアウト	70.4%	53.4%
1アウト	47.5%	34.2%
2アウト	27.5%	21.1%

▶▶▶ 得点期待値

	高校野球	大学野球
ノーアウト	1.24	0.8
1アウト	0.77	0.51
2アウト	0.37	0.28

攻撃側が考えていることは、ノーアウトであれば「1、2塁間に打ってランナーを3塁に進めたい」ということ。これを阻止するためにはアウトコースへのボールを見せながら、インコースを狙っていく

試合の状況で1点も取られたくない場合には、三振を狙っていきます。一番打たれたくないコースはアウトコースよりのストレートで、右バッターだと痛打される危険があります。また左バッターは、インコースのストレートが一番痛打される危険が高くなります。

理想的な配球はインコースのベルトの辺りに威力のあるストレートを投げ、ファウルを打たせます。インコースを攻めることでバッターのミートポイントが前になります。そこにフォークなどの落ちるボールで空振りを狙います。またストライクからボールになる変化球も有効です。

QUESTION

問題 36

ランナー3塁の状況でピンチを広げないためには、どのようなコースへどのような球種を投げるとよいでしょうか？

投げられる球種	ストレート、カーブ、スライダー、フォーク
バッターの特徴	ー
場面設定	ー

ランナー3塁で
ピンチを広げない
ためには、
どこへどのような
球種を投げますか?

A N S W E R

正答例

「追い込んでからストライクゾーンよりも少し高目のストレートで勝負する」

落ちるボールで三振を狙うか、内野フライや浅い外野フライで打ち取る

高目を有効に使う

どのカテゴリーでも得点につながる状況のため、「1点をあげてもよい」と考えて守る場面になります。試合の状況的にどうしても1点を失いたくない場合には、三振を狙うピッチングをしていく必要が出てきます。

その場合、ゴロを打たれると内野間を抜かれてしまう可能性があるため、落ちるボールで三振か、できるだけ内野フライや浅い外野フライで打ち取りたいものです。

当然重要になってくるのは高目

この状況での得点確率と得点期待値

▶▶▶ 得点確率

	高校野球	大学野球
ノーアウト	81.2%	83.6%
1アウト	61.7%	64.1%
2アウト	29.6%	24.7%

▶▶▶ 得点期待値

	高校野球	大学野球
ノーアウト	1.33	1.19
1アウト	0.96	0.83
2アウト	0.43	0.34

甘い球を狙いつつ、あわよくば犠牲フライで1点という展開を考えてくるため、内野フライや浅い外野フライで打ち取りたい。球威があれば、高目のボール球も効果的になることを知っておきたい

の使い方ですが、バッターにしても「犠牲フライを打てたら1点」という思いがあるため、少々の高目でも振ってくる傾向にあります。そのため、ストライクゾーンよりも少し高目を上手く使いましょう。

コースとしては極端なインコースではなく、真ん中の少し外目辺りのほうが効果的です。このコースはバットのヘッドが下がるため、内野フライや浅い外野フライに打ち取れる確率が高くなります。

緩いボールや少し抜いたボールを投げてバッターが前のめりになる状況を作り、自分の持っている一番速いボールを高目いっぱいに投げて三振を狙いましょう。

QUESTION

問題 37

ランナー1、2塁の状況で
失点を防ぐためには、
どのようなコースへ
どのような球種を
投げるとよいでしょうか？

投げられる球種	ストレート、カーブ、スライダー、フォーク
バッターの特徴	ー
場面設定	ー

ランナー1、2塁で
失点を防ぐためには、
どこへどのような
球種を投げますか?

ANSWER

正答例

「低目にボールを集め、ゴロを打たせる」

積極的にゲッツーを狙うため、ゴロを打たせる

積極的にゲッツーを狙う

この状況は連続して失点しやすいケースであると同時に、ゲッツーで一気にピンチを脱することができるケースでもあります。アウトカウントによって、守備側の狙いを変えていきます。

ノーアウトの場合には送りバントやヒットエンドランを警戒する必要があります。ただしバントやヒットエンドランを仕掛けると、攻撃側の全選手が動く必要があるため、ミスが生じると痛手を被ることになります。ミスを嫌う場合

この状況での得点確率と得点期待値

▶▶▶ 得点確率

	高校野球	大学野球
ノーアウト	66.7%	57.8%
1アウト	46.6%	35.2%
2アウト	23.9%	16.5%

▶▶▶ 得点期待値

	高校野球	大学野球
ノーアウト	1.42	1.27
1アウト	0.89	0.68
2アウト	0.43	0.29

見る状況が多いため、チームとして優先順位を決め、その際のプレーを練習しておく

には、何も仕掛けてこないこともあるでしょう。この点については試合中に相手チームの特徴を把握し、作戦を使ってくるかを見極めておきましょう。

また1アウトの場合はゲッツーを狙い、2アウトの場合はヒットを打たれないようにします。このケースの場合、バッターは1、2塁間を狙ってきます。しかしゴロを打たせると、打球がどこに飛んでも打ち取れる可能性があるので、低目にボールを集めましょう。理想はインコースでサードゴロです。

けん制を入れてランナーに警戒心を生ませることも大切です。けん制の回数を変えたり、投球の間隔を変えるなど、単調なリズムにならないような工夫が必要です。

QUESTION

問題
38

「ランナー1、3塁の状況で
失点を防ぐためには、
どのようなコースへ
どのような球種を
投げるとよいでしょうか?」

投げられる球種	ストレート、カーブ、スライダー、フォーク
バッターの特徴	―
場面設定	―

ランナー1、３塁で
失点を防ぐためには、
どこへどのような
球種を投げますか?

ANSWER

正答例

「緩急を織り交ぜてストライクカウントを稼ぎ、
ストライクからボールになる球種で
空振りを狙う」

アウトカウントが少ないほど、三振以外は許されない

三振以外は許されない!?

この状況は瞬時に様々な状況判断とプレーをする必要があるため、最も難しいシチュエーションの1つと言えます。例えばサードはバックホームやゲッツー狙い、ホームに投げたり、ファーストに投げたりする状況が発生します。

得点される危険性が高いため、特にノーアウトでは「三振以外は許されない」くらいの場面になります。そのため理想的な配球としては、緩急を使ったピッチングでバッターのポイントを前にし、ス

この状況での得点確率と得点期待値

▶▶▶ 得点確率

	高校野球	大学野球
ノーアウト	87.0%	87.8%
1アウト	63.9%	59.2%
2アウト	30.4%	25.5%

▶▶▶ 得点期待値

	高校野球	大学野球
ノーアウト	1.7	1.27
1アウト	1.19	0.68
2アウト	0.57	0.29

ダブルスチールなど、積極的な攻撃を仕掛けてくる。点差に余裕があれば2、3塁にして、攻撃側のバリエーションを減らせることも考えられる

トライクからボールになる変化球で空振りを狙います。

このときに重要になるのはストレートで、クイックから速いボールを投げる必要があります。ストレートに球威がなければ、緩急を大きく見せていきましょう。

1アウトであればゲッツーが理想であり、右バッターはインコースを詰まらせ、左バッターは外に逃げるボールで引っ掛けさせるなどの対処をします。

攻撃側はノーアウトや1アウトの際、ゲッツーのリスクをなくすために2塁へのスチールを仕掛けてきます。ダブルスチールを仕掛けてくるケースもあります。このプレーに対処するためには、2塁への送球をピッチャーがカットしたり、セカンドが前に出てきてカットするなどの連携を身につけておきましょう。

QUESTION

問題
39

ランナー2、3塁の状況で
失点を防ぐためには、
どのようなコースへ
どのような球種を
投げるとよいでしょうか?

投げられる球種	ストレート、カーブ、スライダー、フォーク
バッターの特徴	ー
場面設定	ー

ランナー2、3塁で
失点を防ぐためには、
どこへどのような
球種を投げますか?

ANSWER

正答例①

「外野フライを打たれてはいけない場合は、高目のストレート（ボール球）から落ちる球種で勝負する」

正答例②

「外野フライを打たれてもよい場合は、高目のストレート（ストライクゾーン）から落ちる球種で勝負する」

点差によって攻略の仕方を変える。歩かせても得点が入らないため、余裕を持って攻めたい

ランナーの意味を考えて配球に活かす

高校カテゴリーでは、得点される確率が最も高い状況になるため、守備側は開き直って守ることも必要です。そしてどの状況でも言えることですが、得点率が高いこの場面では、得点差によって2塁ランナーの意味が変わってきます。

3塁ランナーを返せない状況では、三振か内野フライを狙います。例えばバッターのポイントを前にして空振りを誘ったり、高目に球威のあるストレートを投げていき

この状況での得点確率と得点期待値

▶▶▶ 得点確率

	高校野球	大学野球
ノーアウト	84.6%	85.0%
1アウト	68.4%	59.6%
2アウト	37.6%	26.0%

▶▶▶ 得点期待値

	高校野球	大学野球
ノーアウト	2.18	1.45
1アウト	1.31	1.1
2アウト	0.8	0.49

2塁ランナーを返してもよいかを得点差で判断する。
高目のストレートでいかに押せるかが重要になる

ましょう。「3塁ランナーが帰ってもよいが2塁ランナーは帰せない」という状況であれば、外野フライでもOKになります。この場面ではピッチャーに球威が求められ、いかに高目のストレートで押せるかが重要になります。

「バットに当てさせない配球」を考えたときに、高目のボールを上手く使いながら「どうやって遠いところを振らせるか」もしくは「落ちるボールを振らせるか」になってくるので、高めの使い方の意味が変わってきます。外野フライを打たれてはいけない場合はボール球で勝負しますが、打たせてもよい場合はストライクゾーンの高目で勝負します。威力のある高目を見せられると、縦の変化である低目の落ちるボールが効いてきます。

QUESTION

問題
40

「ランナー満塁の状況で失点を防ぐためには、どのようなコースへどのような球種を投げるとよいでしょうか？」

投げられる球種	ストレート、カーブ、スライダー、フォーク
バッターの特徴	－
場面設定	－

ランナー満塁で
失点を防ぐためには、
どこへどのような
球種を投げますか?

ANSWER

正答例

「インコースへの変化球から インコースへのストレートで 詰まらせる」

詰まらせてゲッツーを狙う。どの塁でアウトを取るのかをチームで決めておく

詰まらせてゲッツーを狙う

満塁とランナー2、3塁で変わってくるのは、ランナーを歩かせてもよいのか、ダメなのかということです。そのため、ある程度コースを読まれることがわかったうえで、ストライクカウントを取っていく必要があります。

ストレートで押す場合には、インコースを突いていきます。例えばはじめにストライクからボールになる変化球を投げ、バッターが空振りした場合には、もう1球続

この状況での得点確率と得点期待値

▶▶▶ 得点確率

	高校野球	大学野球
ノーアウト	88.2%	86.3%
1アウト	67.2%	61.8%
2アウト	36.9%	30.5%

▶▶▶ 得点期待値

	高校野球	大学野球
ノーアウト	1.9	1.55
1アウト	1.22	1.04
2アウト	0.76	0.5

惜しみなく決め球を連投しつつ、詰まらせてゲッツーを狙う。アウトを取るパターンを事前に練習し、焦らず確実にアウトを取るように準備をしておく

けます。振らずに見逃した場合は見逃したことでヒッティングポイントがバッターに近くなっているため、インコースへのストレートで押していきます。

もう1つは決め球を連投していくパターンです。決め球はバッターに振ってもらうことで効果を発揮しますので、バッターが手を出さないと厳しくなりますので、決め球の威力や精度が重要です。決め球を連投する場合はボールから入るようにしましょう。

ランナー2、3塁と比べてゲッツーの確率が高くなるため、できるだけバッターの体に近いボールを詰まらせていきます。事前にどの塁でゲッツーを取るのかを決めておきましょう。

QUESTION

問題
41

ヒットエンドランや送りバントが警戒される場面では、どのようなコースへどのような球種を投げるとよいでしょうか？

投げられる球種	ストレート、カーブ、スライダー、フォーク
バッターの特徴	―
場面設定	―

ヒットエンドランや
送りバントが
警戒される場面では、
どこへどのような
球種を投げますか?

ANSWER

正答例／ヒットエンドラン

「インコースやアウトコースいっぱいへのストレートで攻める。もしくは球速の速い変化球を詰まらせる」

落ちる球種を空振りさせる狙いはバッターには有効だが、
ランナーには走られやすくなるため優先順位を考えて使う

ランナーとバッターの動きから察知する

　ヒットエンドラン狙いでは、ランナーのリードが小さくなったり、バッターのグリップを持つ位置が短くなったり、深く構えたりします。このような予兆があれば、不用意にストレートを投げないようにします。コースとしては逆方向に打ちにくいインコースやアウトコースいっぱいを中心に攻めます。変化球を投げる場合には、スライダーなど球速のある球種ほどバッターは合わせにくくなります。落ちる球種もバッターには有効ですが、ランナーは走りやすくなるため、点差などの状況から優先順位

正答例／バント

アウトコースへのスライダーで打ち損じを狙う

以前はインハイへのストレートが有効とされていたが、近年はこのコースへのスライダーがセオリーの1つになる

を決めて投げるようにしましょう。続いてバント狙いですが、近年は送りバントが減る傾向にあります。高校野球の場合、10年前は送りバントが68%と、ランナーが出たら判を押したようにバントをしていましたが、近年は40%程度と30%弱もバントが減っています。これはバットの性能やバッターの体力が上がり、ヒッティングをしたほうが進塁やアウトカウントを増やさない確率が高くなったことが大きな要因です。バントの場合はランナーのリードが大きくなったり、バッターの構えが小さくなったりする傾向があります。球種別のバント成功率は、カーブが93・5%、ストレートが84・1%、スライダーが73・6%になるため、特に初球は成功率の高い球種を避けることが理想です。

QUESTION

問題
42

「盗塁が警戒される場面では、
どのようなコースへ
どのような球種を
投げるとよいでしょうか？」

投げられる球種	ストレート、カーブ、スライダー、フォーク
バッターの特徴	−
場面設定	−

盗塁が警戒される
場面では、
どこへどのような
球種を投げますか?

ANSWER

正答例

「ストレートでバッターボックスの前のラインを通すか、ウエストボールを投げる」

ランナーにやすやすと盗塁を許さないためには、
クイックで1.25秒以内にホームへ到達する球速が必要になる

けん制を入れながらランナーを自由にさせない

ランナーが出た場合、ピッチャーはクイックモーションでの投球が必須になります。クイックでは球速が遅くなることが多いのですが、ホームまで1・25秒以内で投げられることが必要で、それ以上時間がかかる球種では、盗塁を許してしまう確率が非常に高くなります。

　カウントに余裕があったり、盗塁を狙ってくると察知した場合には、バッターボックスの縦のライ

けん制回数と盗塁の関係

	高校野球	大学野球	成功率
けん制なし	187	142	75.9%
1回	40	31	77.5%
2回	2	2	100.0%
3回以上	1	0	0.0%

この表で見てもらいたいことは、「けん制をするほど成功率が高まる」ことではなく、「けん制をするほど盗塁数が減る」こと。けん制をすることで、盗塁への試みを減らせる

ンに通すようなボールを投げます。ただしこのコースは2塁へ送球するときに、多くのキャッチャーが苦手とする捕球位置にもなるため、キャッチャーの高い送球能力も必要です。

もちろん、自由にランナーを動かさないようにけん制も必要になります。一定のリズムにならないようにけん制を2回続けたりしましょう。

またウエストも有効です。キャッチャーの送球動作が素早くなり、アウトを取れる確率が上がります。

ウエストはヒットエンドランやスクイズを外す場合でも有効になるため、日頃から「ボール球を投げる勇気」を持つようにしましょう。

なおバッターを打ち取るデザインでは、ストレートは狙われるため、変化球も使いましょう。

この章のまとめ＋α

この章の問題でポイントとなる要素をまとめています。

☑ 先頭打者の出塁を防ぐ

先頭打者が出塁をすると、約42%で失点につながってしまいます。出塁方法がヒットの場合は61.4%、四死球や失策によるものが38.6%の確率で失点につながるため、できるだけ先頭打者を出塁させないこと、特に不用意な四死球や失策を防ぐことが重要です。

☑ 先頭打者に出塁を許したときは

先頭打者の出塁によって失点の確率が高くなりますが、約58%は無失点に抑えています。無失点に抑えるためにはいくつかのポイントがありますが、その中でも代表的な3つをここで紹介します。

❶ 連続出塁を防ぐ

連続出塁をされてしまうと、失点率は約60~80%まで上がり、平均失点は1.2〜1.8点になります。連続出塁を防ぐためには、連続安打はもちろんですが、不用意な四死球や失策にも気を付けたいものです。連続出塁を許してしまった場合には、1失点で抑えられるような守備をすることが大事になります。

❷スチールを防ぐ

アウトカウントを増やさずにランナーを進めるスチールも失点率が上がるポイントです。スチール成功の可能性が高いと相手に判断されると、積極的に仕掛けてくるでしょう。スチールを防ぐためには、いいスタートを切らせないためのけん制や間を取るなどの工夫が必要になります。

❸直球を打たせない

1失点のケースは球種による変化がほとんど見られませんが、2失点以上になると、全体の1/2〜1/3の確率でストレートを打たれていました。これはピッチャーの制球力が安定せずに、ストレートでカウントを取りにいって打たれるケースが多いと考えられます。得点圏にランナーがいる場合には、変化球を効果的に使ったり、厳しいコースをついていきましょう。

おわりに

ピッチャーが積極的に参加する配球を目指す

高校野球戦法と言われた送りバントが減ったり、バットの性能が格段に上がるなど、野球そのものが変わってきています。

その中で配球の意義とは何かと言えば、「バッターの心理」や「ピッチャーの心理」、「状況による優先順位」といったもので、ここは変わることのない本質の部分です。

ピッチングをデザインする際に、回転数を踏まえて考

えていくことが現代野球の主流になっています。しかしすべてのピッチャーがこのようなピッチングをできるかというと、そうではありません。

今までは配球というとキャッチャーが考えるものでしたが、それではキャッチャーの負担が多すぎるため、メジャーではコーチがサインを出す場合もあります。この傾向は、ピッチャーが配球を考えたり、組み立てに積極的に参加するよい機会だと思います。

本書をお読みいただいたピッチャーの皆さんには、ぜひ、そのようなピッチャーになってもらいたいと思います。

川村　卓

川村 卓（かわむら・たかし）

[illegible]

[illegible]

『次の一球は？』野球脳を鍛える配球問題集

2020年5月20日　初版第1刷発行
2024年10月20日　初版第7刷発行

著　者　　川村 卓
発行者　　廣瀬和二
発行所　　辰巳出版株式会社
〒113-0033
東京都文京区本郷1-33-13　春日町ビル5F
TEL 03-5931-5920（代表）
FAX 03-6386-3087（販売部）
URL http://www.TG-NET.co.jp

印刷　三共グラフィック株式会社　製本　株式会社セイコーバインダリー

ISBN978-4-7778-2547-9 C0075